A Hora da
Verdade

JAN CARLZON

A Hora da Verdade

SEXTANTE

Título original: *Moments of Truth*
Copyright © 1985 por Jan Carlzon e Tomas Lagerström
Copyright da tradução © 2005 por GMT Editores Ltda.
Todos os direitos reservados.

tradução
Maria Luiza Newlands da Silveira

revisão
José Tedin Pinto
Sérgio Bellinello Soares

projeto gráfico e diagramação
DTPhoenix Editorial

capa
Miriam Lerner

impressão e acabamento
Geográfica Gráfica e Editora Ltda.

CIP-BRASIL. CATALOGAÇÃO-NA-FONTE
SINDICATO NACIONAL DOS EDITORES DE LIVROS, RJ

C282h	Carlzon, Jan
	A hora da verdade / Jan Carlzon e Tomas Langerström; tradução de Maria Luiza Newlands da Silveira – Rio de Janeiro: Sextante, 2005.
	Tradução de: Riv Pyramiderna
	ISBN 85-7542-156-5
	1. Scandinavian Airlines System – Administração. 2. Aeronáutica comercial – Suécia – Administração. 3. Linhas aéreas – Suécia – Administração. I. Langerström, Tomas, 1939-. II. Título.
05-0147.	CDD 387.7065485
	CDU 656.7(485)

Todos os direitos reservados, no Brasil, por
GMT Editores Ltda.
Rua Voluntários da Pátria, 45 – Gr. 1.404 – Botafogo
22270-000 – Rio de Janeiro – RJ
Tel.: (21) 2538-4100 – Fax: (21) 2286-9244
E-mail: atendimento@esextante.com.br
www.sextante.com.br

Sumário

Toda pessoa precisa saber e sentir que é necessária.

Todos gostam de ser tratados como indivíduos.

Dar a alguém a liberdade para assumir responsabilidades
libera recursos que de outra maneira permaneceriam ocultos.

Um indivíduo sem informações não pode assumir
responsabilidades; um indivíduo que recebeu informações
não pode deixar de assumir responsabilidades.

JAN CARLZON

Prefácio

TOM PETERS

IMAGINE QUE HÁ UM PAINEL SOLTO na cabine de passageiros de um avião que faz o vôo Nova York–Los Angeles. O painel tem uma ponta aguda e saliente que rasgou as meias de uma passageira, e esta reclama com a aeromoça mais próxima. A aeromoça não pode consertar o painel porque não dispõe das ferramentas necessárias para isso. Ela precisa de ajuda. A única coisa que pode fazer é preencher um relatório, que vai acabar num escritório qualquer. O escritório, porém, tem somente um telefone e um computador, nenhuma ferramenta. Assim, nossa aeromoça delega o problema a algum superior na companhia e está consciente de que cumpriu com o seu dever. Mais tarde, naquele mesmo dia, o relatório será enviado a outro departamento. Meia hora depois será colocado na mesa de alguém, no departamento técnico. O técnico não tem muita certeza se poderá ou não resolver o problema. Mas não há motivo para preocupação. Nesse momento, o avião está voando a 31.000 pés. O técnico anota no formulário já amassado: "Consertar quando possível." E o conserto será feito – dez meias rasgadas mais tarde.

A solução de Jan Carlzon para isto? Livrar-se das barreiras horizontais à comunicação. Afastar os gerentes de nível médio, "contratados para fazer com que as instruções sejam seguidas", do papel de administradores e transformá-los em líderes e auxiliares do pessoal da linha de frente, que atende diretamente ao cliente e ao mercado.

Afinal de contas, o primeiro encontro de 15 segundos entre um passageiro e o pessoal da linha de frente, do funcionário que faz a reserva até a aeromoça, determina a impressão que esse passageiro formará em sua mente sobre toda a companhia. É a isto que Carlzon chama de "hora da verdade".

Quem é Carlzon? Em 1978, aos 36 anos, ele assumiu a direção da empresa de aviação doméstica sueca Linjeflyg, tornando-se assim o mais jovem presidente de uma companhia aérea no mundo. Seguindo uma estratégia semelhante à da People Express, ele reduziu tarifas, lotou os vôos comerciais e conseguiu um sucesso excepcional em tempo recorde. Sua recompensa foi a presidência da SAS em 1981. Após 17 anos consecutivos de lucros, a empresa tinha acumulado cerca de 30 milhões de dólares de prejuízo em 1979 e 1980.

Os empregados aguardavam preocupados a sua chegada. Previam-se mais cortes de custos e reduções de tarifas. Ao invés disto, Carlzon criou a EuroClass, um serviço de primeira classe a preços acessíveis, direcionado ao seu público-alvo, os homens de negócio que viajavam com freqüência. Seu objetivo era transformar a SAS na "melhor empresa aérea para executivos" da Europa.

Em pouco tempo a pontualidade da empresa tornou-se a melhor do continente e, de modo notável, a SAS voltou a ter lucro em apenas um ano, enquanto as demais companhias aéreas internacionais amargavam, em conjunto, um recorde de dois bilhões de dólares de prejuízo. Em 1984, a SAS foi eleita "a companhia aérea do ano" pela revista *Air Transport World*.

Com toda a certeza, a história de Carlzon em *A hora da verdade* é a saga de uma reviravolta extraordinária no volátil ramo da aviação, mas sua aplicabilidade geral não tem limites. Ele argumenta que estamos numa "encruzilhada histórica". Que nossas tradicionais vantagens competitivas (ocidentais) foram seriamente desgastadas.

Estamos, afirma Carlzon, numa era impulsionada pelo cliente e pelo mercado. Consumidores sagazes e novos concorrentes, do transporte aéreo aos automóveis, aos semicondutores e aos serviços financeiros, estão criando dificuldades para quem adota o estilo tradicional de negócios. Para lidar com esta descontinuidade do mercado, precisamos revolucionar nossas organizações. Especificamente, diz Carlzon, "a companhia orientada para o cliente está preparada para a mudança". Aquela que funciona com uma liderança distante, burocratizada, de cima para baixo, não sobreviverá.

Este livro é um apanhado de histórias instrutivas e conselhos práticos descrevendo as atividades de Carlzon na Vingresor (a subsidiária de turismo da SAS, onde ele assumiu sua primeira presidência, com 32 anos), na Linjeflyg e na SAS em particular. Quando Carlzon começou na Vingresor, era o executivo que dava ordens e não ouvia ninguém – nem sua equipe nem seus clientes. E assim cometeu todos os erros de praxe. Quatro anos depois, quando foi para a Linjeflyg, havia aprendido várias lições. Na realidade, em sua segunda experiência como presidente, convocou a companhia inteira para uma reunião em um hangar e pediu ajuda – atitude bem diferente das ordens categóricas que tinha dado 48 meses antes.

Carlzon chegou na SAS em tempos de crise. Percebeu que os serviços e o pessoal da linha de frente eram as duas alavancas do sucesso. Transferiu então o enfoque do avião como elemento físico para o usuário. Deixou boquiabertos os tecnocratas ao jogar às traças seus grandes Airbus e 747, mantendo, no entanto, a frota de DC-9, aviões mais antigos e menos eficientes, mas que ofereciam a flexibilidade necessária para melhor servir ao precioso passageiro que viaja a trabalho.

Carlzon e sua equipe, agora cheia de energia, criaram ousadamente 147 projetos para melhorar os serviços, com custo estimado em cerca de 50 milhões de dólares, apesar de a companhia ainda estar no vermelho. Ele cortou também todos os custos que não atendiam ao objetivo central da empresa. Por exemplo, uma unidade centralizada de pesquisa de mercado, composta de 40 pessoas, foi desmantelada – a coleta de dados passou a ser feita no local do serviço, ou seja, mais perto do usuário.

Carlzon encarregou o pessoal da linha de frente de "fornecer o serviço que todos sempre haviam desejado oferecer". Tornou os uniformes mais elegantes, conferiu autonomia e encorajou as pessoas a não aceitarem um "não" como resposta. Um exemplo: para facilitar o atendimento ao viajante de negócios, seria necessário criar um check-in exclusivo para os passageiros da EuroClass. Os especialistas torceram o nariz para a idéia. As autoridades nunca permitiriam tal coisa, por causa da declarada filosofia igualitária da Suécia. Ignorando seus próprios técnicos, a SAS foi em frente e a sua solicitação foi atendida.

O fortalecimento do pessoal da linha de frente para resolver os problemas é um dos ingredientes. A liderança é outro. O mínimo que se pode dizer da fórmula de liderança de Carlzon (provada por ele na prática) é que ela não é nada convencional. Ele descarta a gerência profissional da maneira como esta evoluiu. Valoriza mais a intuição, a emoção e a criatividade. E afirma que os pensadores analíticos "são geralmente desastrosos ao tomar decisões e ao implementá-las". O gerente voltado para a análise está sempre procurando outras alternativas para evitar decisões.

As novas ferramentas dos líderes são: visão clara e concisa e perfeita habilidade para se comunicar – com alma. Não há, porém, nada de pegajoso ou indefinido nisso. Carlzon chama o novo executivo (e a si mesmo, por inferência) de "ditador esclarecido".

Lealdade à visão, e não aos detalhes da execução, é imprescindível, ou nada dá certo. Ele acredita que as pessoas somente brilham quando as exigências são muito grandes. Como componente básico destaca as avaliações rigorosas e honestas. Objetivos firmes e claros, dirigidos para o atendimento ao cliente e calculados para incentivar a competição entre as unidades, aceleram a marcha do processo.

Carlzon sugere que as nossas organizações sejam literalmente viradas de cabeça para baixo. Precisamos aprender a dar boas-vindas às mudanças em vez de lutar contra elas, assumir corajosamente os riscos em vez de eliminá-los, dar mais força à nossa linha de frente em vez de desmotivá-la e visar ao mercado altamente mutável à nossa volta em vez de nos concentrarmos em manobras internas, burocráticas e complicadas. A essa lista, Carlzon acrescenta sua análise brilhante sobre o gerente médio, tantas vezes ignorado nos programas de transição – e freqüentemente a força que retarda os projetos mais bem-intencionados. Também sublinha o árduo papel do novo líder visionário: visão e confiança, sim, mas com lealdade, exigências rigorosas e medidas direcionadas para o usuário.

A hora da verdade é um livro para os executivos da aviação, para os banqueiros, para os empresários da indústria têxtil, para os fornecedores de ferramentas industriais, enfim, é um livro para todos os setores empresariais. É uma contribuição maravilhosa para o urgente esforço de redefinir os fundamentos de nossas organizações para este admirável mundo novo que estamos vivendo. Proporciona exemplos, sugestões e, acima de tudo, uma nova filosofia – de alguém que esteve na linha de fogo e levou a cabo uma brilhante reviravolta de sucessos em tempo recorde.

CAPÍTULO UM

A hora da verdade

RUDY PETERSON ERA UM EMPRESÁRIO AMERICANO que estava hospedado no Grand Hotel em Estocolmo. Certo dia, saiu do hotel e dirigiu-se ao Aeroporto de Arlanda, no norte de Estocolmo, para viajar com um colega para Copenhague, pela Scandinavian Airlines. A viagem, de apenas um dia, era muito importante.

Quando chegou ao aeroporto, percebeu que havia deixado a passagem no hotel. Ao vestir o sobretudo, ele a colocara sobre a escrivaninha e esquecera-se de pegá-la novamente.

Qualquer pessoa sabe que não se pode embarcar num avião sem o bilhete de passagem, e Rudy Peterson já se resignara a perder o vôo e sua reunião de negócios em Copenhague. Porém, quando explicou seu dilema no balcão da empresa, teve uma surpresa agradável.

"Não se preocupe, senhor Peterson", disse a funcionária, com um sorriso. "Aqui está seu cartão de embarque. Vou anexar a ele um bilhete provisório. Basta me dizer o número do seu apartamento no Grand Hotel e o seu destino em Copenhague, que cuidarei do resto."

Enquanto Rudy e seu colega esperavam no salão de passageiros, a funcionária telefonou para o hotel. Uma camareira foi ao apartamento e encontrou a passagem – exatamente onde o senhor

Peterson dissera que estaria. A funcionária então enviou um carro da SAS para buscar a passagem no hotel. Desta maneira, tudo andou tão rápido que o bilhete chegou antes da saída do vôo para Copenhague. Tamanha foi a surpresa de Rudy Peterson quando a aeromoça aproximou-se dele e disse: "Senhor Peterson? Aqui está sua passagem."

O que teria acontecido em uma empresa aérea mais tradicional? Os manuais das companhias aéreas, em sua maioria, são claros: "Sem passagem, não há viagem." Na melhor das hipóteses, a funcionária teria informado seu superior a respeito do problema, mas Peterson provavelmente teria perdido seu vôo. Ao invés disso, pela maneira como a SAS tratou a situação, ele não só ficou bem impressionado como chegou a tempo para sua reunião.

Tenho muito orgulho da história de Rudy Peterson porque reflete o que conseguimos em seis anos na SAS, desde que me tornei seu presidente. Nós nos reorientamos para nos tornarmos uma companhia dirigida para o cliente – uma companhia que reconhece que o seu único e verdadeiro patrimônio são clientes satisfeitos, todos esperando serem tratados como indivíduos e que não nos escolherão como sua empresa aérea a não ser que façamos exatamente isso.

Na SAS, costumávamos pensar em nós mesmos como o somatório de nossas aeronaves, nossas bases de manutenção, nossos escritórios e nossos procedimentos administrativos. Porém, se hoje alguém perguntar a nossos clientes sobre a companhia, eles não falarão de nossos aviões, ou de nossos escritórios, ou de como gerimos nossos investimentos de capital. Eles contarão apenas sua experiência com o nosso pessoal, pois a SAS não depende só de seus bens materiais, mas, de modo até mais importante, da qualidade do contato entre um cliente em particular e os empregados da empresa que servem diretamente a ele (ou, como os chamamos, a nossa "linha de frente").

Não faz muito tempo, cada um dos nossos dez milhões de clientes entrou em contato com aproximadamente cinco empregados da empresa, e cada contato durou em média 15 segundos. Desta forma, a SAS é "criada" 50 milhões de vezes por ano nas mentes de nossos clientes por 15 segundos de cada vez. Estes 50 milhões de "momentos da verdade" são o que basicamente determina se a SAS será bem-sucedida ou falhará como empresa. São momentos em que precisamos provar a nossos clientes que a SAS é sua melhor alternativa.

Se nos dedicamos verdadeiramente a orientar a companhia para as necessidades individuais de cada cliente, não podemos então confiar em manuais de normas e instruções redigidas em distantes escritórios administrativos. Devemos transferir a responsabilidade por idéias, decisões e ações às pessoas que são a SAS durante esses 15 segundos: emissores de passagens, aeromoças, encarregados de bagagens e todos os outros empregados da linha de frente. Se tiverem de consultar o circuito de comando da organização para a solução de um problema individual, então esses preciosos segundos passarão sem resposta e teremos perdido a oportunidade de ganhar um cliente fiel.

Essa abordagem parece virar de cabeça para baixo a corporação tradicional. É o que realmente acontece, e que acredito ser necessário. A estrutura corporativa tradicional assemelha-se a uma pirâmide construída em camadas, com um topo pontiagudo, vários níveis intermediários e a base ligada ao mercado. No topo estão o principal executivo e vários vice-presidentes altamente qualificados – pessoas de sólida formação, especialistas hábeis em finanças, produção, exportação e vendas. A função deste grupo de gerência do primeiro escalão é controlar as operações, tomando todas as decisões necessárias para dirigir a companhia.

Esse processo ocupa-os integralmente, por causa da quantidade de decisões a serem tomadas, justificando a necessidade de intermediários para transmiti-las por toda a companhia. Desta forma, um grande número de pessoas da gerência média converte as decisões da direção em instruções, regras, normas e ordens a serem cumpridas pelo pessoal situado no nível mais abaixo. Embora a chamemos de "gerência média", as pessoas enquadradas nesta categoria não são realmente "gerentes", se queremos nos referir a alguém que toma suas próprias decisões dentro de uma esfera de responsabilidades. Na realidade, são apenas mensageiros que passam adiante as decisões tomadas num ponto mais alto da pirâmide administrativa.

Na base da pirâmide estão os soldados rasos, que incluem tanto os funcionários administrativos quanto os diretamente ligados à atividade da empresa. Estes são os que mantêm contato direto com os clientes e que melhor conhecem as operações da linha de frente. Ironicamente, porém, não têm nenhum poder para resolver as situações particulares que surgem constantemente.

Entretanto, a realidade na qual esta estrutura hierárquica foi baseada já se modificou. Na atual economia global, as nações ocidentais industrializadas não contam mais com a proteção de suas tradicionais vantagens competitivas que, no passado, permitiam aos europeus e norte-americanos produzir e vender seus produtos com exclusividade no mercado local. Matéria-prima e mão-de-obra baratas e recursos tecnológicos avançados também são encontrados agora no Terceiro Mundo. Hoje mata-se o gado no Texas, o couro é mandado para tingimento na Argentina e transformado em luvas de beisebol na Coréia. Completando o circuito, as luvas são embarcadas de volta para o Texas, onde são vendidas nas lojas de esporte locais.

Cada vez mais incapazes de competir com base nas vantagens dos produtos, as economias ocidentais estão sendo transformadas em economias de "serviços". Estamos numa encruzilhada histórica, em que a era da orientação para o consumidor chegou até mesmo aos setores que jamais foram encarados como atividades específicas de serviços.

Um fabricante sueco de equipamento de solda, por exemplo, detinha o monopólio do mercado europeu havia bastante tempo, devido à alta qualidade dos seus produtos. De repente, a companhia descobriu que perdera quase a metade de seu mercado.

Aparentemente, um concorrente europeu estava vendendo um equipamento menos sofisticado pela metade do preço – e satisfazendo ao mesmo tempo as necessidades e os orçamentos dos clientes. Por ter estabelecido uma estratégia própria orientada para o produto, a companhia sueca estava cobrando preços proibitivos. No mundo de hoje, o ponto de partida deve ser o consumidor – não o produto ou a tecnologia – e isto significa que as empresas devem se organizar de forma diferente para sobreviver.

A distribuição de papéis é radicalmente diferente numa companhia voltada para o cliente. A organização é descentralizada, com a responsabilidade delegada aos que estão na base da pirâmide, aqueles que até então só cumpriam ordens. Em outras palavras, a estrutura hierárquica tradicional da corporação começa a dar lugar a uma estrutura mais plana, mais horizontal. Isto é particularmente verdadeiro em empresas de serviço que se estabelecem em função do cliente e não do produto.

Para passar a ser uma companhia orientada para o cliente, grandes mudanças deverão ser exigidas do pessoal que opera na linha de frente. Contudo, a iniciativa de tais mudanças deve partir da sala do principal executivo. Cabe a este tornar-se um líder genuíno, devotando-se a criar um ambiente em que os empregados sejam capazes de aceitar e exercer suas responsabilidades com confiança e habilidade. Ele deverá estabelecer uma boa comunicação com seus empregados, partilhando com eles a visão da companhia e procurando saber do que necessitam para fazer desta visão uma realidade. Para ser bem-sucedido, não poderá mais ser alguém que toma decisões de forma isolada e autocrática. Ao contrário, deverá ser um visionário, um estrategista, um informante, um professor e um inspirador.

Aos gerentes médios, deve delegar responsabilidades para analisar problemas, gerenciar recursos e, o mais importante, dar apoio às necessidades dos empregados da linha de frente. Na verdade, existe um tremendo potencial a ser encontrado numa nova linhagem de jovens altamente capazes e bem-formados, que estão ansiosos para aceitar os desafios de uma gerência responsável. Devemos dar a esta nova geração um papel ativo no mundo moderno dos negócios, encarregando-a de efetiva responsabilidade e demonstrando-lhe respeito e confiança.

Aos empregados da linha de frente, o líder deverá conferir a autoridade para atender às necessidades e problemas do cliente individual. Assim como a funcionária que mandou buscar a passagem de Rudy Peterson, os empregados da linha de frente devem ser adequadamente treinados para que estejam habilitados a responder às necessidades especiais de cada cliente com rapidez e cortesia.

Redistribuindo as responsabilidades desta maneira, as empresas poderão maximizar suas "horas da verdade". Os clientes felizes e satisfeitos se multiplicarão e, por conseguinte, uma importante vantagem competitiva estará assegurada.

Muitos de vocês provavelmente estão se perguntando por que um executivo de um pequeno país do norte da Europa acha que pode ensinar como dirigir suas empresas. A resposta, creio eu, é que as mudanças que estou relatando aqui nos foram impostas mais rapidamente na Escandinávia. Um processo acelerado de nivelamento social e econômico forçou os líderes escandinavos a repensarem e a ajustarem as suas organizações e as suas próprias pessoas. Acredito que o modo como reagimos, na Escandinávia em geral e na SAS em particular, oferece um exemplo do qual os líderes empresariais em outros países industrializados podem se beneficiar.

CAPÍTULO DOIS

As reviravoltas da Vingresor e da Linjeflyg

VINGRESOR

Em junho de 1974, com 32 anos de idade, sentei-me à mesa da presidência da Vingresor, uma subsidiária da Scandinavian Airlines System que organiza e vende pacotes de turismo. Eu havia sido escolhido presidente após somente seis anos de vida profissional. Tinha autoridade sobre 1.400 empregados, muitos deles mais ou menos da mesma idade que eu. Minhas qualificações não eram melhores do que as de qualquer outro, e não havia razão óbvia para que me tivessem feito presidente. Estava com medo – medo de não ser aceito e medo de fracassar.

Comecei então a agir da maneira como pensava que um chefe deveria agir. Ajeitei a gravata e convoquei o meu staff. Um atrás do outro, eles marcharam pelo meu escritório adentro, e dei instruções firmes sobre o que deveria ser feito:

"Mudem aquela escala de horários!"

"Façam um acordo com aquele hotel!"

Em todas as reuniões, qualquer que fosse a situação, eu baixava os meus decretos:

"Agora eu quero isto!"

"Agora eu resolvi assim!"

"Eu acho isto!"

O que acontecia comigo era, sem dúvida, o que a maioria de nós experimenta quando se encontra pela primeira vez no centro das atenções. Comecei a me comportar de modo diferente porque estava representando o papel que achava que me tinham dado. Presumi que todos na Vingresor esperavam que eu fosse capaz de fazer tudo melhor do que eles e que cabia a mim tomar todas as decisões.

Tentei então fazer jus a tais expectativas. As pessoas começaram a ouvir minha voz com mais e mais freqüência. Eu tinha as soluções para os problemas de todos – como se tivesse repentinamente adquirido sabedoria junto com o cargo de presidente. Tomei incontáveis decisões com muito pouco conhecimento, experiência ou informação.

Comecei a ser conhecido no escritório como "o Rapaz do Ego". O apelido foi tirado do nome de um famoso cavalo de corridas da época, mas enquadrava-se claramente no meu estilo de gerência. Eu sabia que algo estava errado, mas não conhecia nenhuma outra maneira de dirigir uma empresa. Então, um dia, Christer Sandahl entrou na minha sala. Christer era uma daquelas pessoas que haviam sido "rebaixadas" pelo meu estilo administrativo.

– O que você está fazendo? Por que acha que se tornou o chefe aqui? Para ser alguém que você não é? Não! Você se tornou presidente por causa de quem você é!

Graças à sua coragem e à sua franqueza, Christer ajudou-me a descobrir que o meu novo papel não exigia que eu mudasse. A companhia não estava me pedindo que tomasse todas as decisões sozinho, mas que criasse o clima certo, as condições ideais para que os outros cumprissem melhor suas tarefas. Comecei a compreender a diferença entre um executivo tradicional, que dispara uma instrução atrás da outra, e o novo líder, que tem que estabelecer o tom e manter a visão geral da empresa em mente. Aquela conversa com Christer deu-me confiança para ser eu mesmo e abordar o trabalho de maneira nova e ousada.

Eu havia assumido a Vingresor numa época difícil. A crise do petróleo de 1973/1974 elevara tanto os preços dos transportes que afastara os passageiros dos pacotes de viagem. Era nossa tarefa tornar a Vingresor lucrativa outra vez.

Não tínhamos muitas opções. As principais funções de uma operadora de turismo como a Vingresor são fazer contratos para vôos e hotéis e estabelecer uma seção de serviços para organizar excursões e atividades no local da viagem. Então, todas essas peças são reunidas num "pacote" para serem compradas pelo cliente. O lucro do operador é, em grande parte, uma questão de custo: quanto mais dinheiro for investido durante os vários estágios de montagem do pacote, menor é a margem de lucro e maiores as chances de perder dinheiro. Quanto menos for investido, tanto menor é o risco.

Num mercado em baixa, a maioria dos executivos orientados para o produto teria cortado serviços. Porém, isto somente geraria menos receita, criando um problema ainda mais sério. Como alternativa, preferimos espremer os custos. Naquela época, tínhamos cerca de 210.000 clientes, 40.000 dos quais haviam comprado excursões a preços especiais, que não eram lucrativos para nós. Decidimos reduzir nossos custos a um nível tão baixo, que conseguiríamos lucro mesmo se caíssemos para 170.000 clientes.

Não nos contentamos em somente cortar custos. Também reestruturamos a organização, tornando-a mais flexível e capaz de lidar com mais clientes, caso o mercado voltasse ao que era. E o mercado realmente se recuperou! Por causa de nossa flexibilidade, absorvemos sem dificuldades a nova demanda de clientes e saímos da crise com lucro. Durante o primeiro ano de minha presidência, obtivemos o maior lucro da história da Vingresor.

LINJEFLYG

Em 1978, quando eu já era presidente da Vingresor havia quase quatro anos, ofereceram-me a presidência da Linjeflyg, a empresa aérea doméstica da Suécia, filiada à SAS. Ouvi atentamente Nils Horjel, então presidente do conselho da Linjeflyg, mas não estava inclinado a aceitar sua proposta. Recusei-a dois dias mais tarde.

Não disse a ele o que pensava, mas, na minha opinião, a Linjeflyg era o que havia de mais desanimador. Operava linhas domésticas que serviam a executivos que queriam voar para Estocolmo pela manhã e de volta para casa à noite. Considerações políticas suecas mantinham as tarifas virtualmente idênticas para todos os destinos. As decisões da corporação baseavam-se principalmente nos tipos de avião que poderiam ter um desempenho mais eficiente. A Linjeflyg, com a sua preocupação em preencher lugares ao menor custo possível, dava-me a impressão de ser uma companhia tipicamente tradicional, nem um pouco estimulante.

Nils Horjel aceitou minha resposta com uma calma notável. "Tudo bem, tudo bem, vamos ver", disse ele. Parecia que não acreditava em mim. Somente mais tarde vim a saber que ele havia sido um jogador de handebol famoso na Europa, conhecido pela sua habilidade e determinação em romper as melhores defesas do mundo.

Ele utilizou o seu trunfo, Curt Nicolin, figura proeminente na indústria sueca e membro do Conselho, que me telefonou dizendo que queria falar sobre a Linjeflyg. Repeti o meu não mais duas vezes. Finalmente, ele veio ver-me no escritório.

Pessoalmente, Curt mudou a tática. Nils Horjel descrevera a Linjeflyg como uma companhia forte e assegurara que o cargo de presidente não traria preocupações. Curt, porém, percebeu que era exatamente por isso que eu não estava interessado e mostrou-me a imagem de uma empresa muito diferente. "As coisas vão muito mal", disse. A Linjeflyg estava perdendo dinheiro e precisava desesperadamente de uma estratégia para mudar a situação. "Precisamos de você – e só de você – para intervir e salvar a companhia", disse Curt. E então acrescentou um chamariz irresistível: o cargo era o desafio perfeito de que eu precisava para me desenvolver como executivo.

Sua manobra funcionou. Aceitei a presidência da Linjeflyg, tornando-me, aos 36 anos, o mais jovem presidente de uma empresa aérea no mundo.

Meu primeiro ato oficial na Linjeflyg rendeu benefícios até muito tempo depois. Em meu primeiro dia no cargo, convidei todos os membros da equipe, alguns deles trabalhando a horas de distância, para se reunirem no hangar principal da Linjeflyg, às 11 horas da manhã. Subi em uma escada alta e dirigi-me à multidão lá embaixo.

"Esta companhia não está indo bem", eu disse francamente. "Está perdendo dinheiro e enfrentando vários problemas. Como novo presidente, não sei nada sobre a Linjeflyg. Não posso salvar esta companhia sozinho. A Linjeflyg só terá chance de sobreviver se vocês me ajudarem – assumindo a responsabilidade, partilhando suas idéias e experiências, para que tenhamos mais com o que trabalhar. Tenho algumas idéias próprias e provavelmente poderemos usá-las. Porém, o mais importante é que vocês precisam me ajudar, e não o contrário."

Senti imediatamente que o meu discurso estava causando um poderoso impacto. As pessoas saíram da reunião com um novo espírito. Não esperavam que eu lhes pedisse ajuda. "Pensamos que chegaria e nos diria o que ia fazer", muitos funcionários disseram-me depois. "Mas você virou a mesa sobre nós!"

A experiência provou-me mais uma vez que ninguém estava me pedindo para levantar e dizer a todos o que fazer. As pessoas que trabalhavam na Linjeflyg ficaram encantadas ao ouvir seu patrão pedindo-lhes que participassem ativamente do futuro da companhia.

Antes da minha chegada, a questão mais discutida na Linjeflyg fora a dos uniformes das aeromoças – apesar de, no ano anterior, a empresa ter perdido três milhões de dólares, sua taxa de ocupação de vôos ter sido de apenas 50% e ter de fato seus aviões no ar somente por 4,8 horas diárias (a média internacional era de 7 horas). Encarei tal estado de coisas como sintomático de uma companhia sem uma estratégia lógica ou abrangente. Na época, a Linjeflyg era uma clássica companhia orientada para o produto. Noventa por cento de seus passageiros eram homens de negócios cujas empresas já estavam acostumadas a pagar as tarifas da companhia aérea não pelas demandas ou preferências do mercado. As despesas eram provenientes do tamanho da frota, e este era baseado na exigência da companhia de manter um vôo diário para Estocolmo antes das 9:00 horas da manhã, partindo de cada uma das grandes cidades da Suécia. Conseqüentemente, as tarifas eram altas e padronizadas.

Ao mesmo tempo, a empresa tinha um conflito de objetivos. O lucro era um deles, mas a maior parte dos dirigentes compartilhava o projeto político de formar uma "Suécia mais completa", na qual até mesmo as áreas mais remotas pudessem desfrutar de um acesso conveniente e econômico a Estocolmo. Desta forma, as viagens longas custariam um pouco mais do que as curtas. Isto era ótimo para a população do norte da Suécia, mas não para a Linjeflyg. Minha prioridade imediata naquele momento era transformar prejuízos em lucros. Se não fizesse alguma coisa, a companhia certamente iria à bancarrota.

Nossa primeira conclusão foi a de que é difícil fazer dinheiro com um avião pousado no chão. Precisávamos aumentar o número de vôos, e a única maneira de fazer isto era atraindo mais passageiros.

O mercado de viajantes executivos já estava sob nosso controle, e assim não podíamos aumentar o número deste tipo de passageiro. Precisávamos, no entanto, induzi-lo a voar mais, em vez de optar por trens ou automóveis, e o caminho para tal coisa era oferecer mais vôos. Quanto aos outros passageiros, os que pagavam as passagens do seu próprio bolso, pareciam estar andando de trem, dirigindo ou ficando em casa. Como poderíamos convencê-los a começar a voar? Reduzindo os preços, é claro.

"Vamos cortar pela metade os preços destes vôos de baixa ocupação", sugeri. Nosso consultor americano desaconselhou a medida, lembrando que algumas empresas aéreas americanas quase tinham ido à falência ao adotá-la. Felizmente, não lhe demos ouvidos.

Na verdade, a estratégia global incluía quatro pontos projetados para converter a Linjeflyg em uma empresa direcionada para o cliente e não mais para o produto. A melhor utilização de nossos recursos fixos – ou seja, colocar aviões no ar mais horas por dia – era somente um desses pontos. O segundo, igualmente importante, era firmar a reputação da Linjeflyg como a "melhor empresa aérea do mundo" em termos de serviços prestados ao passageiro. E, no caso da Linjeflyg, bons serviços significavam oferecer horários convenientes, partidas freqüentes e preços baixos – e não comida requintada e vinhos finos.

É difícil explicar a um público como parecia audacioso falar em "melhor empresa aérea do mundo" na Suécia de 1978. Os suecos, por natureza, não são dados a bravatas. Historicamente, eles consideravam impróprio chamar a atenção sobre si mesmos. Até o elogio público ou a crítica eram malvistos. Ao dizer que nos tornaríamos a "melhor empresa aérea do mundo", estávamos violando a norma social da moderação. Por esta razão, o impacto em nossos empregados e no público foi tremendamente excitante.

Os outros dois pontos de nossa estratégia, embora menos visíveis para o público, eram igualmente importantes para a transformação da Linjeflyg em uma companhia voltada para o cliente. Decidimos espalhar a responsabilidade por um maior número de pessoas na organização e dinamizar os recursos administrativos em função de uma abordagem mais orientada para o lucro.

Demos à nova estrutura organizacional a forma de um coração: uma das metades do coração gerava receita, a outra era responsável pelos custos. A idéia básica era deixar o próprio mercado ditar ao nosso departamento de marketing o que a Linjeflyg deveria produzir e vender. O departamento de marketing, por sua vez, diria ao departamento de operações o que produzir. Desta forma, virávamos a organização tradicional de cabeça para baixo. Antes, os engenheiros determinavam as disponibilidades das aeronaves sem levar em conta quando os clientes queriam voar. Em vez de suprimir o serviço, como provavelmente os engenheiros teriam sugerido, resolveríamos nosso problema financeiro aumentando a receita.

Apresentamos nosso plano estratégico numa reunião em Estocolmo. Comecei explicando que a Suécia deixara de ser uma sociedade estática e rural para transformar-se em outra mais viva e abrangente. Esta transformação criara um novo tipo de demanda além do transporte de passageiros a negócios que a Linjeflyg tradicionalmente oferecia. Expus, então, todo o plano estratégico: o conceito, a nova organização, os novos horários e tarifas, e até mesmo a propaganda. Era tudo muito simples e lógico – mas fiquei atordoado com a reação.

A coisa toda tornou-se uma espécie de comemoração de renascimento! Quando as pessoas saíram, *Love is in the air* (O amor está no ar) – nosso novo tema musical – estava tocando nos alto-falantes, e todos comentavam como este novo desafio seria estimulante. A razão para todo este entusiasmo devia-se ao fato de eu ter me comunicado com eles de uma forma muito direta. Todos diziam a si mesmos: "Isto é exatamente o que sempre pensei!"

Nunca me esqueci da manhã em que começamos com os novos vôos e as novas tarifas. Ao chegar ao terminal de saída do Aeroporto de Bromma, em Estocolmo, ouvi acordes de *Love is in the air* e vi os empregados dando as boas-vindas aos passageiros da "Nova Empresa Aérea Doméstica" com um sorriso caloroso e uma rosa vermelha para cada um deles.

Algumas pessoas disseram que esta encenação era "tipicamente Carlzon", mas a verdade é que eu não a tinha preparado – e sim os empregados. Quando estes descobriram que não era possível conectar o toca-discos aos alto-falantes, um funcionário, voluntariamente, dispôs-se a ficar o dia inteiro segurando um microfone diante do pequeno toca-discos. Todos estavam trabalhando muitíssimo, mas ninguém reclamou. Ao contrário: havia anos que não se divertiam tanto na Linjeflyg!

Daquele dia em diante, o número de passageiros aumentou vertiginosamente. E a variedade de nossos passageiros ampliou-se de modo substancial: não só homens de negócios, mas jovens, aposentados e até famílias inteiras voavam pela Linjeflyg.

Apesar de termos efetuado alguns melhoramentos na companhia aérea, a medida mais eficiente foi o corte drástico nos preços das passagens. Se não houvéssemos reduzido suficientemente nossas tarifas, ou estas reduções não tivessem sido precedidas de intensa divulgação, não teríamos conseguido nenhum cliente novo. Estaríamos simplesmente diminuindo o preço das passagens dos nossos clientes habituais. Para encher os aviões durante o meio-dia, sabíamos que as tarifas dos horários de menor demanda deveriam ser extremamente baixas. Sabíamos também que deveríamos aumentar o nosso orçamento de publicidade na mesma proporção.

Qual era nosso risco financeiro? Tentei calcular o prejuízo potencial de uma única rota, mas os números eram tão grandes que sabia que, caso completasse a estimativa, não teria coragem de experimentar. Então, parei de calcular e deixei minha intuição prevalecer sobre os cálculos matemáticos.

"Toda a Suécia pela metade do preço!" Era a mensagem simples e direta. Também oferecíamos passagens stand-by para qualquer ponto da Suécia por cerca de 20 dólares, um desconto de 60 a 80 por cento.

Convidamos a SAS a unir-se a nós nesta promoção, com suas linhas domésticas. No ano anterior, a SAS e a Linjeflyg haviam oferecido uma tarifa especial para jovens, que foi chamada Y50. Seu ponto essencial era um desconto de 50% em passagens standby para qualquer um com menos de 27 anos. Isto significava que uma passagem em qualquer parte da Suécia custaria aproximadamente 30 dólares. Ao considerar uma colaboração conosco, a SAS calculou que uma redução no preço de 30 para 20 dólares traria somente de 3.000 a 5.000 passageiros a mais – insuficientes para compensar a redução. Portanto, recusaram o convite.

Mas nós demos conta da tarefa sozinhos. Como os 20 dólares do preço da passagem equivaliam a 100 coroas suecas, nós a chamamos de "A Nota de Cem" e divulgamos a frase em nossa publicidade nacional. Em poucas semanas milhares de jovens com suas mochilas estavam passando pelo Aeroporto de Bromma, em

Estocolmo, armando barracas e esquentando cachorros-quentes enquanto aguardavam sua vaga num vôo da Linjeflyg. "A Nota de Cem" não atraiu apenas 5.000 passageiros a mais. Somente no primeiro verão, trouxe-nos 125.000!

DE ONDE TIRAMOS AQUELES 120.000 passageiros adicionais que os especialistas financeiros da SAS não conseguiram encontrar em seus cálculos? A resposta era simples: ninguém imaginava o que era uma tarifa de Y50, mas todo mundo sabia o que era uma nota de cem. A história da tarifa da "Nota de Cem" é a prova de que dirigir um negócio nem sempre é uma questão de lógica matemática. É muito mais uma questão de entender o impacto psicológico que uma oferta nova e intrigante provocará no mercado.

Uma outra vez que nos lembramos de como a psicologia de influência de mercado pode ser forte foi quando começamos a cobrar pelo café da manhã, medida que agradou aos nossos clientes. A um custo de 400.000 dólares ao ano, servíamos uma xícara de café e um pãozinho em todos os vôos matinais, como cortesia. Virtualmente todos reclamavam da qualidade do café e do pão.

Mudamos então nossa abordagem. Em vez de servir um café da manhã gratuito de que ninguém gostava, decidimos oferecer um café da manhã completo por dois dólares, a metade do preço cobrado pela mesma refeição nos trens. Os passageiros ficaram muito satisfeitos em pagar este preço, e nós passamos a ganhar 50 centavos em cada café da manhã servido.

Nem todos queriam um café completo; muitos já haviam feito alguma refeição antes de sair de casa. "Mas se for possível tomar uma xícara de café e um pãozinho", diziam eles, "pagaria de bom grado um dólar por isso."

Assim começamos a vender a refeição que costumávamos distribuir de graça. Nossos passageiros, que antes reclamavam tanto, mostravam-se felizes agora, e nós estávamos gerando mais receita.

Recebemos dos próprios empregados várias outras idéias para ganhar dinheiro. Havia algum tempo, um grupo de comissárias propusera vender chocolates, perfumes e outros artigos a bordo (em parte, porque queriam ter mais o que fazer durante o vôo!). Mas a idéia tinha esbarrado num obstáculo em algum ponto dos escalões superiores da companhia, onde uma bateria de estudos provara que isto seria uma perda de dinheiro. Descartamos os estudos, mas colocamos o desafio nas mãos das comissárias: "Podem tentar, se assumirem a responsabilidade financeira de fazer o plano dar certo. Se isto acontecer, ganharão comissões sobre o que venderem." Elas voltaram com uma proposta, que nós aceitamos. Fizemos milhões com o projeto, e as comissárias ganharam polpudas comissões.

Os resultados contam toda a história: no primeiro ano, reduzimos nossas tarifas numa média de 11%, e nossa receita passou de aproximadamente 84 milhões de dólares para cerca de 105 milhões. Sem acrescentar nenhum tripulante ou sequer uma aeronave, aumentamos em 44% o número de nossos passageiros simplesmente colocando mais vezes nossos aviões no ar.

Tudo isto não teria sido possível se tivéssemos persistido na maneira tradicional de trabalhar. Se eu tivesse me colocado no alto da pirâmide distribuindo instruções, não teríamos executado nossos novos planos em tão pouco tempo. É provável que também não tivéssemos descoberto a estratégia certa, já que muitas das idéias bem-sucedidas vieram dos próprios funcionários.

Com certeza, não alcançaríamos êxito se tantos empregados não se dispusessem a devotar tempo e esforços extras ao seu trabalho. O que os fez trabalhar com tanto empenho? Acredito que tenha sido o fato de todos terem compreendido nossos objetivos e nosso plano de longo alcance. Transmitimos uma imagem do que a companhia poderia ser, e eles assumiram de bom grado a responsabilidade de fazer com que esta imagem passasse a ser realidade. Pela primeira vez, viram algo de novo acontecendo na Linjeflyg e sabiam que o sucesso dependia deles. Até mesmo liam sobre sua própria companhia nos jornais, que relatavam entusiasmados todas as coisas que estávamos fazendo. Em várias ocasiões, esta atenção da imprensa permitiu-nos deixar deliberadamente vazar certos planos antes que todos os seus detalhes estivessem elaborados – uma estratégia com certeza arriscada, mas que gerou uma imensa energia dentro da companhia.

Em nossa propaganda, comparávamos abertamente nossos serviços com os da SJ, a companhia ferroviária sueca. Isto era realmente inusitado: não só porque os suecos são pouco afeitos a gabar seus próprios atos como porque havia um acordo tácito e antigo estabelecendo que as companhias aéreas não disputariam passageiros com a ferroviária. Quando o chefe da SJ pediu-me para parar, disse-lhe que as coisas agora estavam diferentes e que eu estava disposto a conquistar sua clientela. Ele então avisou que a sua empresa pretendia contra-atacar com publicidade própria.

"Ótimo!", respondi. "Já estava na hora de termos alguma competição. Às vezes fica um pouco monótono ser um monopólio."

Depois de um ano de competição acirrada, ele contou-me que mudara de atitude. "Sua campanha publicitária comparando-se conosco foi a melhor coisa que nos podia ter acontecido", disse. "De repente, todos da SJ começaram a gritar: ainda vamos provar que os trens são melhores que os aviões!"

A Vingresor e a Linjeflyg foram duas das três companhias escandinavas, todas ligadas à indústria de viagens, que ajudei a sair de fases difíceis. Algumas pessoas atribuem o meu sucesso a truques de marketing, mas a verdade é que não usei o mesmo programa para resolver os problemas dessas três companhias tão diferentes entre si. Mais exatamente, reorientei cada companhia para as necessidades do mercado a que cada uma delas serve. Para tanto, aprendi a confiar mais no pessoal da linha de frente, que lida com os clientes, e menos em meus próprios decretos. Em outras palavras, quando aprendi a ser um líder antes de ser um gerente, pude ajudar cada companhia a abrir-se a novas possibilidades de mercado e à energia criativa de seus empregados.

CAPÍTULO TRÊS

A reviravolta da SAS

EM 1980, DEPOIS DE DOIS ANOS na Linjeflyg, fui convidado para o cargo de diretor-geral de operações da SAS. Nessa época, a Linjeflyg já tinha saído de sua crise e tudo corria bem. Além disso, achava que sabia o que era preciso fazer na SAS, e por isso foi fácil aceitar o convite.

Toda a indústria aérea estava em dificuldades nessa ocasião. As grandes empresas sempre tinham experimentado, ano após ano, um crescimento estável no mercado. No entanto, as crises do petróleo durante os anos 1970 fizeram com que o mercado finalmente se estagnasse, tanto o de passageiros quanto o de carga. A SAS, que é controlada não só por interesses privados como também pelos governos da Dinamarca, Noruega e Suécia, tinha um brilhante passado de sucessos, mas, quando assumi, estava no meio do segundo ano consecutivo de perdas financeiras. Depois de 17 anos de lucros, deparava-se com um prejuízo de 20 milhões de dólares — uma soma considerável, pelos padrões escandinavos —, e todos percebiam que algo precisava ser feito.

Muitas pessoas na SAS presumiram que eu reduziria os preços das passagens, como fizera na Linjeflyg, e espremeria os custos drasticamente, como havia feito na Vingresor. Mas não era tão simples. No caso da Vingresor, estávamos diante de um mercado em baixa e, portanto, precisávamos cortar custos para poder ter lucros com os clientes que éramos capazes de manter. Quanto à Linjeflyg, tínhamos custos fixos e, sendo assim, precisávamos aumentar a receita; isto foi feito com a redução do preço das passagens e o aumento do número de vôos. Na SAS a situação era diferente – e exigia uma abordagem diferente.

No começo, quando o mercado se estagnou, os executivos da SAS pensaram que a receita não aumentaria e concentraram-se no corte dos custos. Nos 30 anos entre o fim da Segunda Guerra Mundial e a primeira crise do petróleo em 1973-1974, a SAS operara, em um ambiente estável de negócios, com pouca competição. A receita anual da companhia podia ser fácil e confiavelmente projetada com bastante antecedência. O produto, os preços (levando em conta a inflação) e tudo o mais eram quantidades fixas, deixando a questão dos custos como a única variável da equação. Para melhorar o resultado, a tática óbvia era fechar a brecha entre a receita e a despesa, cortando custos.

A alta gerência da SAS, na época, utilizou o recurso convencional: desconsiderar as demandas do mercado, reduzindo custos igualmente em todas as atividades e departamentos. O sistema funcionou no corte de alguns custos que a companhia podia dispensar durante uma época de baixa procura. Mas também eliminou muitos serviços que os clientes desejavam ter e pelos quais estavam preparados para pagar, ao mesmo tempo que manteve outros serviços de pouco interesse para os clientes. Ao cortar as despesas, a companhia estava, na realidade, diminuindo sua própria capacidade de competição.

Os efeitos internos dos cortes foram igualmente sérios: a iniciativa dos membros da direção ficou enfraquecida. No final, ninguém assumia a responsabilidade pelo controle dos custos.

Durante o período inicial de minha gestão na SAS, tive a sorte de ter Helge Lindberg, um de nossos melhores executivos, dirigindo a operação, com a consultoria de alguns dos gerentes antigos. A nova equipe administrativa que formei podia então concentrar seu tempo e energia na tentativa de colocar a empresa num novo rumo.

O objetivo que nos foi proposto pela diretoria da SAS foi o de tornar lucrativas as operações da empresa aérea, apesar de ser impossível melhorar o mercado. Impusemo-nos uma condição: não venderíamos aeronaves para obter lucro a curto prazo, como fazem tantas companhias aéreas em tempos difíceis. Seríamos lucrativos fornecendo os melhores serviços do mercado, aumentando desse modo nossa fatia no estagnado mercado global.

Chegamos à conclusão de que a SAS já cortara todos os custos possíveis. Cortar mais seria como acionar os freios de um carro que já está parado e furar o chão do veículo com os pés, causando assim danos permanentes. Na verdade, a única solução para a situação da SAS era aumentar a receita.

Em primeiro lugar, precisávamos ter uma visão nítida do mundo exterior e da posição da SAS nele. Isto significava que tínhamos de estabelecer um objetivo e determinar a maneira de atingi-lo. Em outras palavras, precisávamos criar uma nova estratégia de negócios.

Queríamos que as operações aéreas da SAS fossem lucrativas mesmo num mercado de crescimento zero, como o daquele momento. Para tanto, escolhemos torná-la conhecida como "a melhor companhia aérea do mundo para o passageiro em freqüentes viagens de negócios". Tínhamos identificado o homem de negócios como a única parte estável do mercado. Ao contrário dos turistas, os homens de negócios precisam viajar tanto nos bons quanto nos maus tempos. E, talvez o mais importante, o mercado de negócios tem exigências especiais que poderíamos satisfazer com o desenvolvimento de serviços adequados, e assim atrair o público que se utiliza da tarifa integral.

Essa idéia não era nova ou particularmente brilhante. Todas as empresas aéreas sabem que não se pode ter lucro sem atrair viajantes de negócios, porque estes são geralmente os únicos passageiros que pagam a tarifa integral. O que era original era a maneira escolhida para alcançar esse objetivo. Era o oposto da abordagem inicial.

Decidimos parar de encarar as despesas como um mal que devíamos reduzir ao mínimo e começar a considerá-las como recursos capazes de aumentar nossa competitividade. Na realidade, as despesas poderiam nos dar uma margem de superioridade se contribuíssem para o nosso objetivo de servir ao viajante de negócios.

Investigamos então cada recurso, cada despesa, cada procedimento e nos indagamos: "Preciso disto para servir ao viajante de negócios?" Quando a resposta era não, combatíamos a despesa ou o procedimento, qualquer que fosse ou quão significativo fosse para os membros da empresa. Quando a resposta era sim, então estávamos preparados para gastar mais dinheiro para desenvolvê-lo ainda mais e tornar a SAS mais competitiva. Se faltava alguma coisa, estávamos prontos a fazer o acréscimo. Em outras palavras, decidimos ser 1% melhores em cem coisas em vez de ser 100% melhores em uma só coisa.

O resultado foi um plano estratégico excepcional para mudar a orientação da companhia. Ao invés de cortar mais despesas, propusemos aos acionistas um investimento adicional de 45 milhões de dólares e um aumento de 12 milhões de dólares anuais nas despesas de operação para 147 projetos, que incluíam o lançamento de uma ampla campanha de pontualidade, melhoramentos em nosso eixo de tráfego em Copenhague, cursos de serviços para mais de 12.000 membros de nossa equipe e a volta da azeitona aos martínis de nossos clientes. Era um risco enorme. Não tínhamos nenhuma garantia de que essas despesas trariam mais receita. Mas era nossa única chance, porque a opção de reduzir custos já tinha sido empregada.

Apesar do grande risco, o Conselho da SAS ficou entusiasmado. Em uma reunião realizada na Dinamarca, em junho de 1981, o conselho aprovou o plano por unanimidade e, algumas semanas mais tarde, ofereceu-me o cargo de presidente do Grupo SAS. Assim, em meio a um mercado estagnado, numa época em que estávamos perdendo aproximadamente 20 milhões de dólares por ano, nós apertamos o acelerador.

Pouco tempo depois, porém, tivemos de pisar nos freios em algumas áreas. Durante o processo, descobrimos várias políticas e procedimentos administrativos que simplesmente não estavam contribuindo para o nosso objetivo de servir ao viajante de negócios. Por este motivo, ao mesmo tempo em que investíamos 45 milhões de dólares na companhia, pusemos em ação um enorme projeto de ajustes que nos permitiu abater 40 milhões nas despesas.

Uma vez identificado com clareza o objetivo de servir aos viajantes de negócios, ficou mais fácil identificar também os cortes e saber que estes não nos iriam afetar. Por exemplo, os viajantes de negócios não estavam interessados em pagar para manter um departamento de promoção de excursões turísticas ou outro encarregado de tentar defender as posições da indústria aeronáutica.

A SAS tinha um departamento de pesquisa de mercado com uma equipe de 40 pessoas que produzia uma grande quantidade de extensas análises de mercado. O departamento teve uma função vital durante a época em que todas as decisões eram tomadas por alguns poucos executivos isolados do cliente. Porém, no momento em que distribuímos a responsabilidade pela linha de frente, não precisávamos mais de tantas pesquisas de mercado – nossas decisões eram tomadas pelas pessoas que tinham contato direto com o mercado o tempo todo. Então demos a esses empregados, que viviam imersos em estatísticas e listagens de computador, a oportunidade de trabalhar na linha de frente ou assumir a responsabilidade direta de certas rotas de vôo.

O mesmo aconteceu com a burocracia. Com a responsabilidade tão descentralizada, não era mais necessário ter tantas pessoas envolvidas na redação e distribuição de instruções e programas, ou certificando-se de que eles estavam sendo seguidos. Assim, eliminamos todos os relatórios. Em seguida, reativamos somente aqueles que descobrimos serem realmente necessários.

O plano completo foi projetado para ser lançado no outono de 1981. Durante aquele verão, as peças ainda estavam embaralhadas, mas encaixaram-se em seus lugares com surpreendente facilidade. Por quê? Não só por causa da visão da alta gerência como também porque todas as pessoas da companhia tinham sido preparadas para ter a mesma visão e para tomar a iniciativa de colocar as peças em seus devidos lugares. Onde quer que não houvesse ainda um sistema, o bom senso e a longa experiência dos empregados economizaram um bocado de tempo. As pessoas às vezes cometem erros, mas isto não era considerado importante. Os erros geralmente podem ser corrigidos mais tarde; o tempo perdido por causa de uma decisão que não foi tomada nunca mais pode ser recuperado.

A mudança nas atitudes dos empregados foi um dos resultados mais significativos da nova estratégia da SAS. Ao declarar que teríamos lucro tornando-nos uma empresa aérea orientada para a prestação de serviço, provocamos uma mudança radical na cultura da empresa. Os executivos, tradicionalmente, lidavam com investimentos, gerências e administração. Serviço era algo de importância secundária – a esfera de ação dos empregados estava localizada fora da periferia da companhia. Agora a companhia *inteira* – desde a sala da presidência até o mais remoto terminal de check-in – estava voltada para serviço.

Os esforços dos empregados da linha de frente ganharam maior relevância na companhia, repentinamente. Todos os empregados receberam treinamento especial em prestação de serviço e, para muitos deles, o teor destes cursos era menos importante do que o fato de que a companhia estava investindo tempo e recursos neles. Eles que, em geral, haviam passado despercebidos, estavam agora no centro dos acontecimentos.

Além da atenção com os serviços, conseguimos insuflar uma nova energia simplesmente pelo fato de criar a certeza de que todas as pessoas relacionadas com a SAS – dos membros da diretoria aos encarregados das reservas – conheciam e compreendiam nossa idéia global. Logo que obtivemos a aprovação do conselho, distribuímos um livrinho vermelho intitulado "Vamos à luta" para cada um dos nossos 20.000 funcionários. O livro deu aos funcionários, em termos bastante concisos, a mesma informação sobre a visão da companhia e seus objetivos que o conselho diretor e a alta gerência já tinham. Queríamos que todos compreendessem o objetivo; não podíamos correr o risco de ver nossa mensagem distorcida à medida que seguisse o seu percurso.

É inegável que o fato de distribuirmos a responsabilidade e transmitirmos nossa visão a todos os empregados tenha aumentado a carga de exigências feitas a eles. Quem não recebe informação não pode assumir responsabilidades. Mas aquele que a recebe não pode deixar de assumi-las. Quando compreenderam nossa visão, nossos empregados aceitaram a responsabilidade com entusiasmo, o que provocou numerosas e simultâneas reações de energia, desenvolvendo nossas idéias. Os meios de comunicação atribuíram a mim a maioria dessas idéias. No entanto, da maneira como a companhia estava agora organizada, eu era apenas um entre os milhares de responsáveis pela produção de receita. A nova energia da SAS era o resultado do esforço diário de 20.000 pessoas em busca de um único objetivo.

Na verdade, poucas das nossas idéias eram novas. A administração anterior já havia percebido a necessidade de tornar a empresa orientada para serviço. Muitas das idéias que implementamos já existiam sob a forma de estudos e memorandos.

Por exemplo, há muito tempo falava-se na criação de uma classe especial para viajantes de negócios. Esta alternativa não era original: a Air France, a British Airways e a KLM já tinham implementado programas deste tipo. No entanto, agora que a SAS estava empenhada em oferecer o melhor serviço para viajantes de negócios, não havia dúvida de que deveríamos criar um plano similar.

Um de nossos problemas era o fato de um grande número de passageiros da SAS viajar utilizando tarifas reduzidas, não necessariamente na primeira classe, mas principalmente na classe econômica. Outras empresas aéreas européias haviam criado uma classe

executiva acrescentando uma sobretaxa à tarifa integral. Percebemos que poderíamos melhorar nossa situação financeira de forma
considerável simplesmente persuadindo mais viajantes de negócios a
pagar passagens de tarifa integral. Assim, em nossos vôos europeus,
abolimos a primeira classe (que, na realidade, funcionava principalmente como a sala de jantar mais cara do mundo para os próprios
executivos das empresas aéreas) e criamos a EuroClass, que oferecia
serviços muito melhores pela tarifa integral. Mantivemos as passagens com desconto, mas com menos ênfase promocional no início,
porque estávamos voltados para os viajantes de negócios.

Tendo anunciado um serviço melhor para os nossos passageiros
da EuroClass, preparamo-nos para fornecê-lo. Em primeiro lugar,
tornamos visíveis as diferenças entre as classes. Instalamos divisórias móveis em nossos aviões para separar a EuroClass das outras
classes. Nos terminais, instalamos salas de espera confortáveis para
os passageiros da EuroClass, com telefone e serviços de telex.
Reservamos balcões exclusivos de check-in, poltronas mais confortáveis e comida melhor para os viajantes de negócios.

Diferenciamos também o nível de serviço. Os passageiros da
EuroClass eram atendidos no check-in em menos de seis minutos,
contra os dez minutos da classe turística. Os viajantes de negócios
podiam entrar por último no avião e desembarcar primeiro. Rece-
biam suas refeições antes dos outros passageiros e eram-lhes ofe-
recidos bebidas de cortesia, jornais e revistas.

Os resultados não demoraram a aparecer. Nossa meta financeira
era aumentar os ganhos em cerca de 25 milhões de dólares no
primeiro ano, 40 milhões no segundo e 50 milhões no terceiro
ano. Para nosso espanto, aumentamos nossos rendimentos em
aproximadamente 80 milhões de dólares *só no primeiro ano* – num
mercado em queda tão acentuada que outras empresas aéreas
internacionais tinham sofrido um prejuízo conjunto de dois bilhões de dólares. Em três anos tínhamos aumentado o número de
passageiros de tarifa integral em 23% e os de tarifa especial em 7%,
apesar de o mercado global ainda estar estagnado. Em 1985 e

1986, o crescimento do número de passageiros da SAS continuou a superar o crescimento do mercado global.

A distinção manifestou-se também sob outras formas. Em agosto de 1983, uma pesquisa da revista *Fortune* indicou-nos como a melhor empresa aérea do mundo para viajantes de negócios. A respeitada publicação *Air Transport World* escolheu-nos como a "Empresa Aérea do Ano", também em 1983. Em um único ano, tínhamos transformado uma conturbada empresa aérea com problema de má conduta, com uma fatia de mercado insegura e muitos números no vermelho em exatamente aquilo que havíamos dito que seria: a melhor companhia aérea do mundo para viajantes de negócios. E, ainda por cima, estávamos tendo lucro.

O lucro, entretanto, não era a coisa mais importante. Poderíamos ter melhorado nossos resultados além dos 80 milhões de dólares cortando ainda mais os custos. Mas esta seria uma solução de curto prazo. Teríamos ficado com passageiros insatisfeitos, uma equipe desmotivada e uma fatia de mercado ainda menor. Importante era o fato de termos alcançado nossa margem de lucratividade investindo no mercado, nos usuários e nos empregados. O resultado líquido não foi somente um aumento de 80 milhões de dólares, mas milhões de clientes satisfeitos e milhares de empregados motivados. Na verdade, tínhamos conquistado um enorme conjunto de recursos para o futuro.

Capítulo quatro

Profissão: líder

No verão de 1980, no meu primeiro ano como presidente da SAS, decidi tirar duas semanas de férias. Porém, assim que cheguei em minha casa de campo, o telefone começou a tocar. E continuou tocando, com perguntas do pessoal do escritório sobre os assuntos mais corriqueiros. É claro que, no campo, tinha menos informações do que as pessoas da sede sobre o que estava acontecendo, mas mesmo assim elas telefonavam. Depois de dois dias, desisti e voltei para Estocolmo. Era perda de tempo tentar trabalhar à distância.

No verão seguinte, um jornal sueco pediu-me uma entrevista sobre "como balancear trabalho e vida pessoal". Concordei, mas com uma condição – o artigo deveria ser publicado uma semana antes das minhas férias. Eu queria ter certeza de que todos na SAS leriam o que eu tinha a dizer.

Na entrevista, expliquei que achava que a responsabilidade, numa empresa, deveria ser delegada de modo que as decisões individuais fossem tomadas no local da ação, e não acima, no topo do organograma. Eu disse que havíamos criado uma organização projetada para funcionar desta maneira e escolhera gerentes dos quais esperava essa atitude. "Agora pretendo tirar quatro semanas de férias", declarei. "Se meu telefone **não** tocar, será a prova de que obtive sucesso – as pessoas terão aceito as responsabilidades e estarão tomando decisões sozinhas. Mas se o telefone tocar, então eu terei falhado ao transmitir minha mensagem ou ao escolher gerentes capazes de assumir responsabilidades."

Saí de férias alguns dias mais tarde. E durante quatro semanas meu telefone ficou maravilhosamente silencioso. Foi a melhor prova de que a organização estava na realidade funcionando da maneira como fora programada para funcionar – embora minha entrevista tivesse ajudado a dar um empurrãozinho nas coisas.

Quando voltei, descobri que muitas decisões haviam sido tomadas na minha ausência. Algumas delas não me entusiasmaram – eu provavelmente teria feito uma escolha diferente –, mas o importante era que as decisões tinham sido tomadas. Outras pessoas estavam assumindo responsabilidades com base em informações precisas e atualizadas.

Essa é a diferença entre o gerente de um negócio tradicional e o líder verdadeiro de uma companhia voltada para o usuário. Gosto de pensar que os bons resultados na Linjeflyg e na SAS aconteceram em grande parte porque levei a sério as lições importantes que aprendera antes na Vingresor. Um líder não é escolhido porque sabe tudo e pode tomar qualquer decisão. É escolhido para reunir o conhecimento disponível e então criar os pré-requisitos para a realização do trabalho. Elabora os sistemas que lhe permitem delegar responsabilidades para as operações do dia-a-dia.

No passado, é claro, teria sido inconcebível que o presidente de uma companhia pudesse afastar-se do escritório por um mês inteiro. Esperava-se que um alto executivo tomasse ele mesmo todas as decisões importantes, e, assim, ele estava sempre diretamente envolvido nas operações. Decisões importantes precisavam ser constantemente tomadas, e ele encarava como inevitável o trabalho durante o dia e à noite, durante a semana e durante os fins de semana. Ao dizer: "Não tiro férias de verdade há quatro anos", estava demonstrando pulso firme e indispensabilidade.

O diretor-presidente típico era uma máquina de tomar decisões. Os funcionários forneciam os dados básicos de um problema e apresentavam suas soluções alternativas. O diretor-presidente processava então a informação e expelia a resposta: "Vamos ficar com a alternativa 2B." Como era o único que enxergava o quadro geral, via-se compelido a tomar as decisões importantes. Ninguém mais tinha meios de fazê-lo.

De acordo com esse sistema, o diretor-presidente aparentemente assumia a responsabilidade total, mas, na verdade, o que acontecia era quase o oposto. Ele não assumia a responsabilidade pela parte mais vital do seu trabalho: assegurar a realização do ideal básico da companhia. Somente tomava decisões a respeito daqueles assuntos que chegavam às suas mãos. No entanto, mesmo que todos os assuntos chegassem ao alto da pirâmide, e mesmo que o executivo tivesse uma grande habilidade para tomar decisões, simplesmente não teria tempo para investigar cada um deles e produzir um julgamento bem fundamentado.

Quais eram os resultados? Muitas decisões simplesmente nunca eram tomadas. Ninguém, na companhia, era capaz de ter na cabeça a visão geral da empresa – a equipe, porque não estava devidamente informada, e o presidente-executivo, porque estava completamente mergulhado no processo de decisões. E muitos empregados tornavam-se passivos, convictos de que, mesmo que tivessem uma boa idéia, "a gerência não iria deixar que a puséssemos em prática".

Muitas pessoas acham que essa forma clássica de administrar é extremamente absorvente – são constantemente requisitados por sua equipe e precisam trabalhar durante as noites, os fins de semana e as férias. Mas acredito que o trabalho de um verdadeiro líder é de fato muito mais difícil.

Ninguém coloca a proposta de uma nova e completa estratégia sobre a sua mesa e solicita uma decisão sua sobre o assunto. É você quem deve colocá-la ali. E quando você utiliza a sua percepção do negócio como um todo para formular a estratégia, é obrigado a recorrer a uma ampla gama de habilidades para alcançar uma série de objetivos. Você precisa arquitetar uma estratégia ajustada ao seu objetivo e transmitir o objetivo e a estratégia ao conselho-diretor, aos sindicatos e a todos os empregados. Você tem que dar maior responsabilidade ao pessoal da linha de frente e, em seguida, criar uma atmosfera segura onde eles irão se aventurar a usar a sua autoridade. Você terá de construir uma organização que possa funcionar para atingir o objetivo e estabelecer medidas que garantam a caminhada na direção certa. Em suma, você deve criar os pré-requisitos para fazer da visão uma realidade.

Isto é bem mais difícil do que executar o trabalho sozinho. Cometi exatamente esse erro logo que me tornei presidente da SAS. Embora o negócio de passageiros fosse a nossa prioridade, tínhamos dado também ao pessoal da área de transporte de carga a responsabilidade para desenvolver uma nova estratégia. Parecia-me, entretanto, que a única conseqüência, até então, tinham sido alguns gritos animadores do tipo "Carga! Vamos lá!". Eu estava impaciente e ansioso por uma verdadeira idéia estratégica.

Então, sentei-me com o chefe das operações de carga e disse: "Isto não pode ser tão difícil assim. O que o mercado quer, é claro, é um serviço porta-a-porta. Desenvolva um produto assim e chame-o de EuroCargo, o que combinará muito bem com a nossa EuroClass, destinada a passageiros."

Ele obedeceu e, como você provavelmente já adivinhou, o plano foi um grande fiasco. Por quê? Porque, do alto da pirâmide, eu tomara uma decisão sobre um aspecto do negócio com o qual não estava nem um pouco familiarizado. Eu não tinha o conhecimento básico da estrutura peculiar do mercado de carga e da divisão do trabalho. Vindo do setor de passageiros, eu não sabia que o setor de carga é diferente – é um produto industrial pesado, vendido para grandes organizações manufatureiras através de contratos de longo prazo.

Se eu tivesse criado uma atmosfera onde as idéias dos gerentes de carga florescessem, é evidente que o erro não teria acontecido. Optei, ao contrário, pela saída mais fácil, decidindo eu mesmo, apesar de não saber o que estava fazendo.

Muitos executivos fazem a mesma escolha, acreditando, segundo parece, que não podem ser bons dirigentes a menos que saibam – ou finjam saber – de tudo. Os comentários dos funcionários sobre o seu superior imediato, "que não sabe nada – não sabe nem mesmo fazer o meu trabalho", são provas evidentes de que o chefe em questão pensa que entende de tudo.

No entanto, o executivo não precisa ter conhecimentos especializados e detalhados. Sou o presidente de uma grande empresa aérea, mas não sei pilotar nem consertar um avião – e ninguém na SAS espera tal coisa de mim. Hoje em dia, um líder deve ter qualidades muito mais genéricas: bom senso de negócios e uma ampla compreensão da maneira como as coisas se encaixam – os relacionamentos entre indivíduos e grupos dentro e fora da companhia e a interação entre os vários elementos operacionais da companhia.

O que se exige é um pensamento estratégico, ou a "visão-helicóptero" – um talento para sobrevoar os detalhes a fim de enxergar melhor a configuração do terreno. A capacidade de compreender e dirigir as mudanças é crucial para uma liderança efetiva. O líder dos negócios de hoje deve administrar não somente finanças, tecnologia, produção e afins, como também os recursos humanos. Ao definir metas e estratégias claras, transmitindo-as em seguida a seus empregados e treinando-os para assumir responsabilidades de modo a atingir estes objetivos, o líder estabelece um ambiente de trabalho seguro que favorece a flexibilidade e a inovação. Desta forma, o novo líder é um ouvinte, um comunicador, um educador – uma pessoa emocionalmente expressiva e inspiradora, capaz de criar a atmosfera certa em vez de tomar ele mesmo todas as decisões.

Essas habilidades já foram consideradas como tipicamente femininas, uma associação originária do papel desempenhado pelas mulheres na antiga sociedade agrícola, quando cuidavam da família e das relações sociais nas aldeias. Sua intuição e sensibilidade para as condições das outras pessoas são traços essenciais a qualquer dirigente, mas infelizmente não se adquirem da noite para o dia.

A nova função da liderança deveria abrir muito mais oportunidades para as mulheres nos negócios. Quando contratamos Birgitta Rydbeck para ser a diretora da academia de vôo da SAS, estávamos procurando um gerente profissional, não um piloto com muitas horas de vôo. Birgitta era formada em administração de empresas, e estávamos confiantes na sua capacidade de criar as condições ideais para o treinamento de vôo. Nossa atitude criou um verdadeiro alvoroço entre os pilotos, que achavam que um especialista em tecnologia aeronáutica deveria ocupar a posição. Logo, porém, mudaram de opinião, à medida que Birgitta revelava uma perfeita combinação de traços de liderança e provava ser um gerente capaz.

Em muitos aspectos, no entanto, o líder tem de ser um déspota esclarecido – alguém disposto a disseminar sua visão e seus objetivos através de uma grande organização descentralizada mas que não tolere nenhuma discordância ativa às idéias básicas. Deve ser capaz de apresentar sua visão de forma convincente para que as metas e estratégias sejam aceitas por todos na companhia. Na realidade, como ficou demonstrado pela minha experiência na Linjeflyg e na SAS, a visão da direção freqüentemente coincide com as idéias dos próprios funcionários.

Alguns empregados podem, de início, não enxergar ou compreender totalmente a visão e os objetivos da empresa. O líder deve resistir ao impulso de despedir estas pessoas e, ao contrário, trabalhar com elas, fornecer mais informações e tentar fazê-las entender.

Evidentemente, sempre existirão os que se recusam a ser persuadidos. Destes deve-se exigir ao menos lealdade aos objetivos, se não há envolvimento emocional. Caso contrário, a solução é pedir que deixem a empresa.

Na SAS, conseguimos convencer quase todos os empregados da importância de nossas idéias. Todos aderiram e começaram a caminhar para a mesma direção com muito entusiasmo, provocando um forte movimento, como indicaram os nossos balanços. Entretanto, se em cada dez deles um tivesse tomado rumo diferente, sua resistência teria atrasado o impulso num momento crucial para a história da companhia.

Por conseguinte, quando digo que precisamos aniquilar a estrutura hierárquica em empresas orientadas para serviço não estou exigindo democracia empresarial na sua forma mais pura. É verdade que todos – gerência média, empregados da linha de frente, líderes sindicais e membros do conselho – merecem a oportunidade de mostrar suas idéias e pontos de vista. Mas não poderão estar envolvidos em cada decisão final.

O conselho elege o presidente e alta gerência para planejar, apresentar e seguir uma estratégia. Somente depois de desenvolver completamente tal estratégia e transmiti-la a todos, o líder pode começar a delegar responsabilidades – e **precisa** fazer isto numa companhia voltada para o usuário. O líder é aquele que cria um ambiente propício para a realização dos negócios.

Num jogo de futebol, o técnico é um líder cuja função é selecionar os jogadores certos. Deve também fazer com que seu time entre em campo nas melhores condições possíveis para jogar uma boa partida. Em campo há o capitão do time, tal como um gerente, com autoridade para dar ordens e mudar as jogadas durante o andamento da partida. Porém, os mais importantes são os jogadores, cada um deles transformado em seu próprio chefe durante o jogo.

Imagine uma situação em que um jogador de futebol corre livre em direção ao gol, de repente abandona a bola e volta até o banco dos reservas para perguntar ao técnico se pode chutar a bola para o gol. Antes de voltar ao jogo, terá perdido não só a bola como também a partida.

Ao mudar um ambiente de trabalho, quem está no topo da pirâmide não pode exercer controle total. É preciso dar autoridade às pessoas lá na frente, onde a ação acontece. São estas pessoas que sentem as alterações do mercado. Concedendo-lhes segurança, autoridade e o direito de tomar decisões baseadas nas condições vigentes do mercado, você está se colocando na melhor posição para conquistar vantagens competitivas.

Um líder, então, é uma pessoa voltada muito mais para os resultados do que para o poder ou para relações sociais. Quem busca o poder pelo que este vale acabará, para obtê-lo, por sacrificar tanto suas relações pessoais quanto os resultados. Quem está muito voltado para o lado social tende a comprometer-se a cada passo para evitar conflitos. No final das contas, isso afeta os resultados. O líder voltado para os resultados, porém, não dita métodos e, além disso, não precisa reivindicar as vitórias para si mesmo.

A imprensa escandinava divulgou algumas vezes que eu não produzira pessoalmente todas as idéias que levaram a SAS ao sucesso. Recebi com prazer estas declarações, porque reforçam exatamente o que venho dizendo. O grande triunfo na SAS foi o fato de termos desencadeado a criatividade de nossos empregados por meio da descentralização. As boas idéias fluem livremente de todas as direções da companhia e são canalizadas para um mesmo ponto: o conceito geral da SAS.

O mesmo se aplica à minha opinião sobre consultores externos. Muitas vezes ouvi pessoas sussurrarem que na realidade quem planejara uma determinada solução fora o consultor. Parece ser um ponto de honra poder lidar com uma situação sem precisar apelar para consultores externos. Isto é algo que nunca compreendi. Deve ter origem na concepção tradicional de que o administrador tem um conhecimento superior e infalível e deve sempre manter controle sobre tudo.

Para mim, nada pode ser mais sensato e responsável do que trazer para bordo um piloto de navio quando se está navegando por águas desconhecidas e perigosas!

Em se tratando de um gerente que quer tomar pessoalmente todas as decisões em todos os níveis da companhia, pode não ser bom para o seu prestígio contratar um consultor externo, que estaria então envolvido em alguma decisões. Por outro lado, se houver uma reorganização nos moldes aqui expostos, será necessário mudar o curso geral da empresa. Isto é o mesmo que tentar mudar o rumo de um navio de guerra, um processo que requer uma tremenda quantidade de energia e habilidades muito especiais.

Se o líder passa a delegar responsabilidades às pessoas por toda a companhia para efetuar essa mudança, seria pouco razoável esperar que cada uma dessas pessoas pudesse ser um especialista em cada um dos assuntos. Sua função é contribuir para o desenvolvimento a longo prazo, depois que a mudança tenha ocorrido. Se eu lhes dou responsabilidade, devo também permitir que lancem mão dos recursos suplementares de que precisam: um especialista em finanças, um consultor administrativo ou uma agência de publicidade.

Não importa quem é o autor das boas idéias. O que interessa é que as idéias funcionem, e as organizações se fortaleçam, servindo bem aos seus usuários.

CAPÍTULO CINCO

Estabelecendo a estratégia

HÁ ALGUM TEMPO reuni-me com o presidente de uma companhia aérea com base nos Estados Unidos para discutir a formação de uma *joint venture* – um terminal em um dos maiores aeroportos americanos para ligar nossos respectivos vôos e nossos sistemas de atendimento a passageiros. Determinados a torná-lo o melhor terminal de serviços para passageiros, estávamos prontos a investir entre 60 e 70 milhões de dólares no negócio. Os representantes da outra companhia aérea pareciam igualmente entusiasmados, e nossas duas equipes tinham passado bastante tempo "preparando o terreno" antes de nosso encontro.

Em cinco minutos percebi que o meu sócio em potencial não estava interessado em investir em melhores serviços para seus passageiros. Declarou categoricamente que um terminal não deveria ser "um palácio extravagante", mas uma simples casamata. Mudou então rapidamente de assunto para os últimos avanços da tecnologia da aviação. Embora eu o tenha escutado por mais meia hora, sabia que esta não era uma companhia com a qual gostaríamos de fazer negócio.

Pouco tempo depois visitei Bob Crandall, diretor-presidente da American Airlines, para saber como sua companhia estava lidando com o mercado americano e suas tarifas liberadas. Bob explicou-me como estava posicionando sua companhia no mercado; como a American Airlines tinha desenvolvido seu sistema de informação e comunicações para garantir acesso ao mercado; como trabalhava com os sindicatos; e como passava cerca de 30% do seu tempo em contato com seus empregados.

Depois de duas horas, dei-me conta de que ele ainda não havia mencionado o assunto aviões. Finalmente, eu o provoquei, perguntando que tipo de aviões ele estava comprando nos últimos tempos. Ele olhou espantado para mim – quase como se não entendesse o que eu estava dizendo. "Aviões?", perguntou. "De que você está falando? Nós compramos o que for necessário ao nosso negócio!"

Nem preciso dizer que, enquanto a primeira companhia não existe mais, a American Airlines conseguiu sobreviver às crises do mercado de aviação e continua sendo uma das empresas aéreas americanas que oferecem os melhores serviços aos seus clientes. Por que a drástica diferença? O executivo da primeira companhia estava concentrado numa filosofia orientada para o produto. Bob Crandall, por outro lado, compreendeu que as empresas aéreas americanas precisavam aprender a servir melhor seus usuários para poder sobreviver sob as novas condições do mercado. Estabeleceu então uma estratégia de negócios para fazer da American uma companhia voltada para o usuário.

Ao contrário de seu colega, Bob Crandall tomara aquelas primeiras medidas cruciais que muitos líderes ignoram. Ele analisou o clima dos negócios e determinou as necessidades de seus clientes. Baseado neste conhecimento, delineou uma estratégia para suprir estas necessidades dentro do contexto do mercado e organizou inteligentemente sua companhia para levar adiante esta estratégia.

Surpreendentemente, muitos executivos começam pelo planejamento de objetivos e estratégias, retrocedendo mais tarde para examinar o mercado e as necessidades dos usuários. É obvio que este processo está na ordem errada. Como é possível saber quais são os objetivos e estratégias de sua empresa se você não tem uma imagem clara do ambiente onde opera ou não tem noção do que os usuários querem? Infelizmente, quando as companhias reconhecem que deveriam ter planejado da maneira inversa, já é tarde demais.

Por causa do atual aumento da competitividade e da ênfase em serviços, o primeiro passo deve ser o direcionamento para o cliente. De certa forma, isto significa olhar sua companhia e decidir, do ponto de vista do usuário, em que tipo de negócio você realmente está. Por exemplo, o negócio da SAS é transporte aéreo? Ou é transporte de pessoas de um lugar para o outro da maneira mais segura e eficiente possível? Penso que a alternativa correta é obviamente a última.

A resposta a essa pergunta é que vai determinar como você organizará sua companhia para fornecer os melhores serviços. A Ford e a General Motors estão no negócio de automóveis? Ou o seu negócio é, na realidade, oferecer às pessoas meios para se locomoverem sozinhas por terra? Se decidirem que estão no negócio de automóveis, naturalmente devem concentrar seus esforços na estética do projeto, na aerodinâmica e no consumo de combustível – no carro propriamente dito.

Vamos entretanto supor que optaram pelo negócio dos serviços de transportes terrestres. Devem somente vender carros? Não faria sentido também, do ponto de vista do usuário, vender um cartão plástico garantindo a disponibilidade imediata do carro, onde ou quando o portador queira se dirigir para algum lugar? Afinal de contas, quando você chama um táxi, não especifica a marca do veículo. Você quer um serviço de transporte.

Não estou sugerindo que a Ford e a General Motors devam deixar de concentrar sua atenção em carros. Mas acho que o ponto é claro: quando você está voltado para o cliente, seu negócio também é oferecer serviços a este cliente, além do hardware propriamente dito.

De maneira semelhante, o negócio dos bancos não é mais lidar somente com moedas e notas. Agora, seu trabalho está concentrado na gerência do fluxo de informações a respeito de transações econômicas. Desconfio que os banqueiros que não redefinirem seus serviços de acordo com a situação estarão muito em breve fora do mercado.

Uma vez decidido o seu tipo de negócio, é preciso determinar exatamente quem são seus clientes. Isto parece fácil, mas para quem está no topo da pirâmide – e não no trabalho da linha de frente, em contato diário com os clientes – pode ser complicado.

Na Vingresor, percebemos que as pessoas idosas estavam constituindo uma categoria importante entre os clientes do ramo de viagens. Preparamos então um programa completo para atraí-las para os nossos pacotes de excursões.

Nós – isto é, uma equipe de gerentes como eu, com mais ou menos trinta anos de idade – concluímos que pessoas idosas tinham receio de viajar para o exterior e portanto gostariam de ficar em hotéis especiais, em companhia de outros cidadãos suecos da mesma faixa etária. Não havia dúvida de que iriam preferir apartamentos com sala de estar, onde pudessem receber novos amigos, e cozinha equipada com cafeteira e café suecos. Os salões deveriam ter, é claro, um bom suprimento de baralhos e jogos suecos de tabuleiro.

Sabíamos que os guias de nossas excursões precisariam ter algum tipo de treinamento para socorro médico e que deveriam ser pessoas sensatas e diretas – provavelmente enfermeiras na meia-idade, de faces coradas. Seriam tomadas providências especiais junto a alguns restaurantes das redondezas para servir pratos escandinavos adequados aos estômagos delicados de nossos clientes. E como achávamos que pessoas mais velhas preferem sair e ver lugares em vez de tomar sol nas praias, preparamos várias excursões curtas, entremeadas de muitas paradas para idas ao toalete.

Estávamos bastante satisfeitos com o nosso novo produto, mas resolvemos procurar saber o que os próprios usuários pensavam. Assim, convidamos um grupo de 15 pessoas pertencentes a um clube de aposentados de Estocolmo para tomar café com biscoitos. Mal acabáramos de nos sentar quando a primeira delas disse, abertamente:

"Eu devo dizer que achei uma loucura vocês terem abandonado Nueva Suecia, na praia de St. Augustin, e se mudado com a tropa toda lá para cima do Monto Rojo, do outro lado da estrada", disse ela. "Afinal, quando vamos para as Ilhas Canárias, gostamos de ficar bem na praia e não sentados perto de uma piscina de hotel."

Ótimo, pensei. Esta senhora é uma viajante fora do comum. Não pode representar todo o grupo.

Imediatamente outra senhora acrescentou: "Não compreendo por que fecharam Medaro e começaram com Los Christianos e Playa las Americas, na costa sul de Tenerife. Medaro era mais excitante e primitiva, e é disso que eu mais gosto."

Muito bem, concluí. Esta também não representa o grupo.

Um senhor, então, explicou: "Quando viajo, faço assim: procuro uma viagem barata nos anúncios de jornal – nunca de mais de uma semana, veja bem, senão é muito cansativo. Quando volto para casa, pego o jornal novamente e começo a procurar outra viagem barata, para ir embora outra vez."

A essa altura, já estava começando a me perguntar quem seriam exatamente essas pessoas.

Aí ouvimos um outro dizer: "México – eis um lugar que vocês deveriam incluir. Já estivemos no Sri Lanka, na Gâmbia e em todos os lugares, mas o México parece realmente fascinante."

A conversa continuou assim até o final, e nenhum dos aposentados manifestou o menor interesse pelo nosso maravilhoso produto. Agradecemos por terem vindo a Vingresor e esquecemos num instante todas as suas opiniões. Teimosamente, investimos 100.000 dólares em lindas brochuras em formato de tablóide, com enormes letras de imprensa. E nossas maternais enfermeiras ficaram esperando pelos aposentados, que nunca apareceram.

É isto que acontece quando você está sentado no alto da pirâmide, longe da realidade do mercado, e desenvolve um produto que pensa que vai agradar a seus usuários. Se tivéssemos acreditado nos nossos clientes idosos – ou ouvido nossa experiente equipe de vendas e nossos guias de turismo, que já os conheciam – é provável que teríamos acabado por misturar os aposentados aos adultos jovens num hotel que proporcionasse um estilo de vida ativo.

Depois de descobrir o que os seus clientes querem, você pode se voltar para a tarefa de estabelecer seus objetivos e sua estratégia para atingi-los. Os objetivos não precisam ser complicados. Porém, sejam quais forem, devem ser orientados para o usuário, e você deve utilizá-los como padrão de comparação para avaliar sua estratégia e seus resultados.

Quando vim para a SAS em 1981, decidimos que nosso objetivo era o de nos tornarmos a melhor companhia aérea do mundo para os viajantes de negócios. Naquela ocasião, a SAS acabara de receber quatro Airbus – grandes aviões para passageiros, projetados para vôos de curta distância, tecnologicamente modernos e com interiores claros e espaçosos. Os quatro haviam custado 120 milhões de dólares, e já encomendáramos mais oito deles.

Uma compra tão grande não era algo incomum para uma grande empresa aérea. Desde o início da aviação comercial, a SAS e todas as outras companhias vinham regularmente substituindo suas aeronaves por modelos mais novos e avançados tecnologicamente, capazes de transportar passageiros com menores custos para as companhias. Era artigo de fé entre os executivos das empresas aéreas a necessidade de comprar novas aeronaves a partir do momento em que estas estivessem disponíveis.

Os Airbus permitiam uma operação 6% mais barata por passageiro-milha em relação aos DC-9, os nossos "burros-de-carga". Mas os Airbus também eram maiores que os DC-9 (240 lugares vs 110 lugares), e assim só faríamos economia se viajassem com os vôos lotados. Depois de fazer a compra, a SAS descobriu que a ocupação de passageiros era insuficiente.

Os Airbus tinham sido comprados com base em previsões de um crescimento de 7% a 9% ao ano em números de passageiros e de um aumento igualmente rápido do setor de carga. No entanto, com a investida violenta da crise do petróleo, o mercado se estagnara. A única maneira econômica de a SAS fazer voar os Airbus de Estocolmo para a maioria das cidades da Europa Continental era lotando-os em Copenhague. Eram aviões grandes demais para vôos diretos de outras cidades escandinavas para a Europa Continental – um serviço que nossos clientes estavam exigindo.

Para os executivos de companhias aéreas que presumiam que o mercado de passageiros crescia inalteravelmente a cada ano, a abordagem de investir sempre em novas aeronaves fazia sentido – e, na verdade, tinha ajudado a SAS a conseguir 17 anos consecutivos de lucros. Porém, não podíamos nos permitir mais pensar assim, agora que o mercado estava achatado. Tínhamos de começar a adotar o ponto de vista de nossos usuários, os viajantes de negócios. E a perspectiva era bem diferente.

Verificamos que a única maneira econômica de utilizarmos os Airbus seria fornecendo um serviço de qualidade inferior justamente àqueles usuários que estávamos tentando atrair.

Como seria que os executivos de Estocolmo e de outros lugares da Escandinávia prefeririam organizar suas viagens? Será que iriam querer voar em nossos espaçosos Airbus, mesmo com poucos vôos à escolha e paradas obrigatórias em Copenhague? Ou prefeririam viajar num DC-9 comum, em vôos freqüentes e sem escalas, partindo de Estocolmo, Oslo ou outros lugares diretamente para as grandes cidades da Europa Continental?

Para mim, a resposta era óbvia. "Guardem os Airbus na geladeira", disse. "Vamos usar os DC-9."

Muita gente na SAS ficou consternada; era como se uma companhia tivesse construído uma fábrica nova em folha e o presidente a fechasse no dia da inauguração. Mas era a decisão mais lógica. Não queria dizer com isto que os Airbus não são ótimos aviões; eles são. O fato é que nós os alugamos para *charters* logo que deixamos de usá-los em nossas rotas. Entretanto, para mantermos nossa competitividade atraindo o limitado mercado dos executivos escandinavos, precisávamos oferecer vôos sem escalas freqüentes. E não podíamos fazer isto utilizando os Airbus. A história dos Airbus ilustra a diferença entre uma filosofia orientada para o produto e outra orientada para o usuário. A clássica companhia orientada para o produto cria ou investe –

neste caso, comprando uma aeronave – e adapta suas operações ao equipamento.

No início da era dos transportes aéreos, não havia nada de errado nessa orientação. Voar ainda era um acontecimento que supunha certos inconvenientes toleráveis; as pessoas procuravam mais uma nova experiência do que bons serviços. E era verdadeiramente importante para as empresas aéreas manterem-se atualizadas com os progressos das aeronaves, porque cada novo modelo representava um enorme aumento de produtividade. Surgiu nessa ocasião o conceito de "companhia-de-bandeira". As companhias aéreas internacionais voavam para o maior número possível de localidades para colocar em cada uma delas a bandeira de seu país, mesmo com um único vôo por semana.

Em 1960, se um executivo escandinavo, por exemplo, quisesse voar pela SAS para Chicago ou para o Rio, planejaria sua viagem de acordo com os vôos que tivéssemos disponíveis. Um usuário fiel estaria perfeitamente disposto a submeter-se aos nossos programas. Os meios de transporte alternativos levariam muito mais tempo, e uma boa dose de orgulho nacional estava envolvida na escolha da empresa aérea.

Hoje isto funciona de maneira inversa. Quando um executivo planeja uma viagem, ele marca suas reuniões e só então faz reserva numa empresa aérea para um vôo que melhor se adapte aos seus compromissos. Se a SAS tiver um vôo conveniente, ele comprará sua passagem conosco; se não tiver, não comprará. É por esta razão que agora a SAS está voltada para aquelas localidades que têm passageiros em número suficiente para manter vôos freqüentes – e porque não podemos usar aviões grandes como o Airbus ou o 747, a não ser que sejamos capazes de lotá-los todos os dias. Nossa nova perspectiva orientada para o cliente começa no mercado e não com o produto. Adaptamos então os meios de produção para conseguir o melhor produto possível para nossos clientes.

Pelo mesmo motivo por que pusemos o Airbus na geladeira, também resolvemos não substituir nossa frota de DC-9 quando uma nova geração de aeronaves surgiu no mercado. Fizéramos todos os tipos de cálculos, mas nenhum avião era mais apropriado para os nossos viajantes de negócios, e portanto mais rentável para a SAS, do que os DC-9 que já estávamos usando. Apesar disso, nossa decisão foi tão anticonvencional que eu mesmo me senti um tanto inseguro. Ao visitar uma outra companhia aérea, perguntei diretamente a seus executivos:

– Como vocês chegam à decisão de comprar novos aviões? Isto é realmente mais lucrativo do que usar os aviões que vocês já têm? Ou isto melhora a qualidade dos seus serviços?

Um pouco confusos com a minha pergunta, eles replicaram:

– Bem, nunca fizemos esse tipo de análise. É tão óbvio ter de comprar novos aviões. Sempre fizemos assim.

Uma vez tendo decidido que não compraríamos novos aviões, sabíamos que teríamos bastante tempo pela frente antes que fosse preciso renovar nossa frota. Quando começamos a estudar os aviões disponíveis, percebemos que estes mostravam alguns avanços tecnológicos fascinantes, mas ficamos surpresos com os poucos aperfeiçoamentos na cabine de passageiros. Tínhamos tempo de sobra para desenvolver um novo avião que fosse realmente o ideal para nós e para nossos usuários.

Embora nos anos 1970 a vida econômica de um avião fosse muito mais curta que sua vida técnica (em outras palavras, era mais lucrativo trocar os aviões bem antes que se tornassem imprestáveis), nos anos 1980 a situação se inverteu: a vida econômica de um avião ficou mais longa que a sua vida técnica, e assim raramente existiam razões econômicas para substituir aviões.

As reações dos passageiros aos novos aviões do início da década de 1980 pareciam confirmar nossa decisão. A Lufthansa, por exemplo, optou por uma frota de novos Boeing 737. Estes podiam ser aviões de tecnologia avançada, mas, para o usuário, só tinham uma diferença visível: em vez de ter filas de três lugares de um lado e dois lugares do outro, como num DC-9, os 737 têm três lugares de cada lado. Ou seja, têm mais lugares no *meio*.

Quando foi a última vez que alguém, ao chegar ao balcão para fazer o check-in e marcar o seu lugar, solicitou uma poltrona no meio? Por que a Lufthansa fez este investimento de 600 milhões de dólares? Parece que a Lufthansa encara a compra de aviões em termos de mera aquisição de tecnologia. Dos novos aviões no mercado, o 737 era certamente a melhor alternativa. Entretanto, comprar aviões não é forçosamente uma boa estratégia de negócios.

Sabendo que os nossos DC-9 ainda estariam em operação por mais alguns anos, vimos que tínhamos tempo de projetar um avião com algo de verdadeiramente novo em termos de conforto para os passageiros – alguma coisa que nos concedesse uma vantagem competitiva sobre as outras companhias aéreas. É evidente que também queríamos o melhor equipamento tecnológico, mas o que estávamos mesmo buscando era o que chamamos de *Passenger-Pleasing-Plane* (avião agradável ao passageiro), ou o "avião 3P". A direção propôs a construção de um avião que, pela primeira vez desde o DC-3, apresentasse autênticas inovações no compartimento de passageiros, tais como mais espaço para a bagagem de mão, corredores e portas mais largas, permitindo maior mobilidade dentro do avião e durante o desembarque, nenhum assento no meio e diminuição de ruído no interior da cabine.

O conselho da SAS concordou, e três de nós – Curt Nicolin, presidente do conselho, Frede Ahlgreen Eriksen, vice-presidente executivo, e eu – visitamos alguns fabricantes de aviões para discutir o assunto. Percebemos logo por que o avião 3P nunca tinha sido produzido. Como em qualquer outro negócio, os fabricantes de aviões tinham de agradar a seus clientes – as empresas aéreas. E os executivos das empresas aéreas estavam tão presos a inovações tecnológicas que mal pensavam em tornar mais confortável a viagem dos passageiros.

Uma das fábricas que visitamos foi a Boeing, em Seattle, onde nos reunimos com a cúpula da administração. Eles haviam preparado uma apresentação persuasiva, incluindo fotografias coloridas dos novos aviões já ostentando a logomarca da SAS. Ouvimos polidamente e informamos à Boeing que não estávamos interessados em seus aviões usuais. Queríamos outra coisa. Queríamos um avião que, pela primeira vez, fosse feito sob medida para as necessidades do passageiro. Afinal de contas, é este quem paga para voar no avião.

Eles nos ouviram, mas desconfio que não nos levaram a sério. Finalmente, perguntaram o que na realidade queríamos dizer. Nesse momento, Curt Nicolin, engenheiro, esboçou um avião tradicional num guardanapo e desenhou um corte transversal na fuselagem ovalada. O chão do compartimento de passageiros está localizado na parte mais larga do oval – no seu ponto central. O que significa que somente 50% do espaço da fuselagem são utilizados para os passageiros.

"Deite o oval de lado", disse Nicolin. "Em seguida ponha o chão na parte mais baixa e não no centro. Desta forma, 80% do espaço poderão ser usados para os passageiros."

"Interessante", comentaram educadamente nossos anfitriões. Depois falaram sobre a resistência do ar e enumeraram todas as outras razões técnicas que impediam a realização do projeto.

Porém, algumas semanas mais tarde, o presidente da Boeing telefonou-me para dizer que precisava encontrar-se comigo sem falta na bienal da indústria aérea que se realizaria em Paris. Assim que me viu, ele começou a tirar animadamente uma porção de desenhos de dentro da pasta. Depois de nossa visita a Seattle, explicou, os executivos da Boeing tinham falado com seus projetistas sobre as nossas idéias disparatadas e um tanto ingênuas para a construção de um avião. Estes imediatamente abriram as gavetas de seus arquivos e puxaram para fora um desenho atrás do outro, revelando idéias fascinantes para melhorar o ambiente dos passageiros.

– Por que não nos mostraram isso antes? – perguntaram os executivos.

– Ninguém nunca nos pediu – replicaram os projetistas. Na realidade, haviam esboçado suas idéias fora do horário de expediente, mais ou menos às escondidas, porque também achavam que a criação de um ambiente melhor para os passageiros fora negligenciada.

Em 1985, juntamo-nos à Boeing num projeto para desenvolver novas aeronaves orientadas para o passageiro, prevendo a sua utilização na década de 1990 – quando os nossos DC-9 finalmente chegariam ao final de sua vida útil. O conceito do avião 3P tornou-se bastante familiar a toda a indústria aérea e certamente influenciou a nova geração de aviões.

Essa história novamente ilustra a diferença entre uma abordagem voltada para o usuário e aquela que é orientada para o produto. Os fabricantes falam sobre tecnologia com os técnicos já há muito tempo. Todas as alterações nos projetos concentraram-se na busca do menor custo operacional por passageiro-milha. Não ocorrera a ninguém que uma mudança no formato do produto pudesse gerar novos rendimentos, mesmo que o custo unitário pudesse não ser o mais baixo em termos absolutos.

Não quero dizer que a equipe gerencial da Boeing tivesse sido resistente às novas idéias. Fazia o melhor possível para atender às exigências de seus clientes. Nem tampouco que esses clientes – os executivos de companhias aéreas – estavam fazendo seu trabalho de maneira incorreta. Tinham sido habituados a trabalhar em um mercado em que o crescimento era rápido e a competição limitada.

Quando aprendi mais sobre a SAS, espantei-me ao verificar quantas das suas políticas e procedimentos favoreciam o equipamento ou os empregados, mesmo com inconvenientes para os passageiros. Igualmente espantosa era a facilidade para detectar estas práticas – e corrigi-las –, enxergando-as do ponto de vista do nosso usuário-alvo, o viajante de negócios.

Numa manhã, cheguei ao aeroporto de Copenhague num vôo que vinha de Nova York e devia mudar de avião para ir até Estocolmo. Carregava muita bagagem de mão e estava cansado por ter viajado durante toda a noite. Quando entrei no terminal, olhei em torno do saguão procurando o portão para Estocolmo. Havia aviões com destino a Los Angeles, Chicago e Rio, mas nenhum para minha cidade.

Perguntei então a um funcionário da SAS onde ficava o portão para Estocolmo. Ele informou que ficava no Setor A – a oitocentos metros de distância.

– Por que não é aqui? – perguntei. – Todos nós estamos indo para Estocolmo.

Olhando-me com ar de superioridade, ele retorquiu: – Aqui só estacionam aviões grandes.

– Entendo, disse eu. – Você quer dizer que há muitos passageiros aqui em Copenhague que saem do avião de Nova York e em seguida embarcam no avião para Chicago? É por isso que todos os aviões grandes estão próximos uns dos outros?

– Não, não, respondeu ele. – Estão aqui porque sua manutenção é feita naquele hangar ali adiante.

– Mas por que meu avião está do outro lado do aeroporto? – perguntei.

– Bem, é porque estava operando em linhas domésticas dinamarquesas durante a manhã, e o Setor A fica mais perto do terminal doméstico.

Tentei explicar a ele que eu estava ali naquele momento, e não no Setor A, e que seria ótimo se meu avião também estivesse ali.

O problema era que os aviões estavam sendo posicionados no portão de embarque que era mais conveniente para os aviões! O pessoal de terra escolhia o portão de embarque mais próximo do hangar ou o portão onde o avião havia chegado.

Bem, já ouvi muitos viajantes de negócios rogando pragas para todos os lados porque tinham de correr pelos setores do aeroporto de Copenhague – mas nunca ouvi um avião reclamar porque foi arrastado por duzentos metros. Hoje rebocamos mais aviões de setor para setor em Copenhague. Antes, dois terços de nossos passageiros em trânsito tinham de mudar de setor em Copenhague; hoje, a estimativa caiu para um terço. Não só os passageiros são poupados como diminuíram os atrasos causados pela demora daqueles que precisam de alguns minutos a mais para se deslocar de um setor para outro.

Outro exemplo de como permitimos que as preferências dos usuários guiassem nossas decisões foi quando estabelecemos uma rota sem escalas de Estocolmo para Nova York, apesar de não podermos utilizar nosso melhor avião para esse vôo.

Durante anos, a SAS voara para Nova York de duas maneiras: de Estocolmo via Oslo, usando um Boeing 747; e sem escalas, partindo de Copenhague. Quando reorientamos a companhia para o viajante de negócios – cuja maior prioridade é a conveniência e não o preço –, acrescentamos um vôo direto de Estocolmo para Nova York, utilizando um DC-10.

Decidimos experimentar dois vôos como esse por semana, mesmo sabendo que, no papel, essa rota não prometia ser lucrativa. Em dois meses, entretanto, o vôo sem escalas de Estocolmo para Nova York mostrou-se a rota mais lucrativa de nossa rede de longa distância. Estávamos determinados a descobrir a razão.

O que acontecia era o seguinte: as pessoas que iam viajar de Estocolmo para Nova York nos dias dos vôos da SAS – trocando de avião em Copenhague ou fazendo escala em Oslo – preferiam outra empresa aérea. Voavam de Estocolmo para Londres ou Amsterdam e aí mudavam de avião, especialmente quando seu destino nos Estados Unidos era outro que não Nova York e podiam conseguir um vôo direto partindo da Europa Continental.

Entretanto, quando a SAS passou a voar sem escalas de Estocolmo para Nova York com o DC-10, um avião comparativamente menor, nenhum viajante de negócios escandinavo a abandonou mais.

Quando se desenvolve uma estratégia de negócios, saber dizer não às boas idéias que não se encaixam no programa é um desafio muitas vezes negligenciado. Lembro-me de ter perguntado uma vez ao falecido Simon Spies, um especialista sagaz em pacotes de turismo escandinavos, por que não promovia descontos de férias ou serviços especiais para crianças.

"Não há nada de errado com grupos infantis ou coisas deste tipo", disse ele. "A questão é que, nesta companhia, decidimos que o que estamos vendendo são férias para gente grande – simples e bons pacotes de turismo para uma pessoa ou para casais. Os grupos infantis não combinam com esta estratégia."

Levantando o dedo, ele continuou: "Jan, nunca esqueça que a parte mais difícil de um bom acordo de negócios é resistir a um mau acordo de negócios. Não me incomodo com todas as famílias com crianças que nos ignoraram, já que resolvemos fazer negócio com outra categoria de cliente e estamos dispostos a dar a esse cliente o máximo de nossos esforços."

A SAS recebe centenas de ofertas de negócios e propostas por mês, muitas bastante boas. Somente uma fração delas, porém, está de acordo com a nossa meta de proporcionar o melhor serviço possível para passageiro que viaja freqüentemente a negócios. As outras exigiriam uma dispersão de nossas energias, depois de termos trabalhado tanto para nos concentrarmos em nosso objetivo.

Por exemplo, presume-se que qualquer companhia aérea que se respeite deva estar representada a cada ano na convenção internacional da indústria de turismo em San Diego. Certa vez, por puro hábito, vinte empregados da SAS prontificaram-se a comparecer, mas nós não os autorizamos. Por que estaríamos interessados em uma convenção da indústria turística? Nada tinha a ver com a nossa estratégia de viagem de negócios.

Em outra ocasião, recebemos permissão para fazer a nossa rota Escandinávia–Tóquio passando pela Sibéria. Ficamos bastante entusiasmados, porque isto significava cortar cinco horas de viagem, o que antevíamos ser mais uma forma de atrair viajantes de negócios.

Então alguém sugeriu que a viagem de volta seguisse a rota mais longa, com escala em Anchorage. O argumento era o de que o avião poderia assim chegar de manhã bem cedo na Escandinávia. E os grupos de turistas japoneses poderiam começar seu primeiro dia com passeios, tendo economizado a despesa de uma primeira noite de hotel.

Essa era com efeito uma boa idéia, exceto por um motivo: não tinha qualquer relação com a nossa estratégia de visar aos viajantes de negócios. Na verdade, era até prejudicial. Os executivos não gostam de passar cinco horas desnecessárias num avião e chegar amarrotados e cansados quando têm de correr para uma reunião de negócios. Certamente prefeririam fazer a viagem mais curta, chegar à noite e pagar por uma boa noite de sono num hotel.

Em oposição a uma companhia orientada para o produto, em que as decisões são motivadas por considerações tecnológicas e pelo produto, a companhia orientada para o usuário começa com o mercado e deixa que o mercado conduza cada decisão, cada investimento e cada alteração.

Se tivéssemos escolhido ser "A Empresa Aérea dos Turistas", nunca teríamos "congelado" os Airbus, conservado os nossos DC-9 ou introduzido o serviço sem escalas de Estocolmo para Nova York com o DC-10, ou mesmo torcido o nariz para a idéia da escala em Anchorage. Compraríamos aviões novos e maiores, programaríamos um menor número de partidas e procuraríamos atrair mais turistas japoneses – tudo isso garantiria custos mais baixos por passageiro-milha e, conseqüentemente, tarifas mais baixas. Os turistas estão sempre dispostos a esperar mais um ou dois dias desde que o preço seja bem acessível. Mas nós escolhemos os viajantes de negócios, que preferem pagar e não ter nenhum transtorno. Feita a escolha, o fato de dar a esses passageiros o que eles queriam fez com que conseguíssemos manter um enfoque bem claro em nossa estratégia.

Essa opção pelo mercado das viagens de negócios não implicou esquecimento ou desconsideração pelo mercado turístico. Muito pelo contrário, aliás. Estabeleceu-se neste caso um paradoxo importante: quanto mais fazemos pelos viajantes de negócios, mais fácil se torna oferecer preços baixos aos que viajam a turismo.

Quanto mais viajantes de negócios – que pagam a tarifa integral – tivermos, mais alta será a receita por vôo. No entanto, temos invariavelmente lugares vazios nos vôos que, por causa do dia da viagem ou da hora da partida, não interessam aos passageiros de negócios. Como em geral a nossa percentagem de passageiros sem desconto é alta, e essas passagens cobrem o custo de operação de um vôo, podemos arcar com preços mais baixos para esses lugares vazios. Vendendo com um desconto substancial o que de outra maneira seriam lugares vazios, fazemos ainda mais dinheiro por vôo. Com mais dinheiro por vôo, já que todos os lugares estão vendidos, nossa receita global é maior, e então é possível repassar os ganhos extras aos viajantes de negócios, também sob a forma de tarifas mais baratas.

Isto foi exatamente o que fizemos. A SAS passou a ter as tarifas mais baixas da Europa para a classe turística. E as vantagens retornaram, em última análise, para o nosso mercado primordial, o viajante de negócios.

CAPÍTULO SEIS

Achatando a pirâmide

HÁ ALGUNS ANOS, Werner Tarnowski foi designado para a direção do escritório da SAS em Stuttgart. Ao herdar uma estrutura organizacional antiquada, Werner estabeleceu três objetivos principais: (1) cortar custos sem sacrificar a qualidade dos serviços; (2) aumentar a eficiência de sua equipe, e (3) dar maior flexibilidade à estrutura organizacional.

A filial de Stuttgart funcionava em dois lugares: num escritório de venda de passagens no centro da cidade, onde Werner e outros gerentes distritais trabalhavam, e no próprio aeroporto, onde ficava o pessoal diretamente ligado ao vôo.

O escritório do centro tinha pouca utilidade, além de ser um ponto de encontro para escandinavos hospedados nos hotéis das redondezas, pois o departamento de vendas ali localizado não conseguia dar conta dos telefonemas de clientes e agentes de viagem.

Enquanto isso, no aeroporto, a carga de trabalho para os empregados era desigual. A SAS tinha somente uma conexão diária de ida e volta de passageiros, um vôo entre Stuttgart e Copenhague. O avião chegava à noite e partia pela manhã. Um avião cargueiro também fazia uma escala durante a manhã. O pessoal de carga, em especial, tinha muito pouco a fazer durante longos períodos de tempo.

Werner decidiu então reunir todos os empregados e serviços no aeroporto e fechou o escritório do centro da cidade. Ao mesmo tempo, reajustou a organização. Fez com que os empregados do aeroporto encarregados do serviço de passageiros e a equipe de vendas do escritório ensinassem uns aos outros como fazer seu trabalho. Esse programa de treinamento recíproco, que pretendia introduzir novas rotinas de trabalho, também ampliou nos empregados a compreensão do esquema geral de operações.

Atualmente, várias funções da SAS em Stuttgart são integradas. O pessoal de vendas agora é responsável tanto pelas vendas no setor de carga quanto no de passageiros. E todos põem mãos à obra nos contatos ao telefone, na venda de passagens, no check-in de passageiros, no atendimento aos usuários e na verificação da carga.

Como resultado das mudanças de Werner, a filial de Stuttgart agora é menos dispendiosa à SAS, não só porque foi fechado um escritório como também porque o tempo dos empregados está sendo utilizado de modo mais produtivo. E, o mais importante, não houve cortes nos serviços. Na realidade, os serviços estão provavelmente melhores, porque a organização está mais flexível. Agora, já que cada um conhece o trabalho do outro, há sempre alguém por perto que sabe tratar do problema do momento. E para muitos empregados o trabalho tornou-se mais divertido e estimulante.

A história de Stuttgart mostra que o achatamento da pirâmide organizacional costuma dar bons resultados. Qualquer companhia que esteja procurando estabelecer uma orientação para o usuário e criar uma boa impressão durante as suas "horas da verdade" precisa achatar a pirâmide – ou seja, eliminar os níveis hierárquicos de responsabilidade para ser capaz de reagir direta e rapidamente às necessidades dos usuários. A companhia orientada para o usuário deve ser organizada para a mudança.

A "gerência" é assim transferida da sala dos executivos para o nível operacional, onde cada um é o gerente de sua própria situação. Quando surgem problemas, cada empregado tem autoridade para analisá-los, determinar a ação apropriada e verificar, sozinho ou com a ajuda de outros, se tal ação foi executada.

Pode parecer um mero jogo de palavras chamar todas as pessoas de "gerentes", mas uso o termo para lembrar à minha equipe – e talvez ainda mais aos que estavam situados nos níveis mais altos da antiga pirâmide – que o seu papel sofreu uma mudança fundamental. Se os executivos de alto nível que já foram gerentes devem aprender a ser líderes, então as pessoas que estão na linha de frente precisam tomar todas as decisões operacionais. São elas que exercem influência mais direta sobre a impressão que o cliente tem da companhia durante esses "momentos da verdade".

Consideremos as seguintes situações "antes e depois", revelando como o achatamento da pirâmide pode tornar a equipe de uma empresa aérea mais capaz de servir às necessidades de seus passageiros.

Digamos que você tenha solicitado antecipadamente uma refeição vegetariana especial para o seu vôo da SAS de Estocolmo para Nova York. Nervosamente, você vai ao balcão de check-in para saber se sua refeição foi entregue no avião.

– Não sei, a recepcionista suspira. – Sinto muito, mas estou ocupada e não estou a par do serviço de refeições.

– Mas como faço agora? – você pergunta.

– Você terá de pedir informações no portão de embarque, responde ela. – Lá, eles certamente poderão ajudá-lo.

A recepcionista rapidamente dirige sua atenção para a próxima pessoa da fila. Sem outra alternativa, você vai até o portão de embarque e pergunta de novo.

O encarregado do portão de embarque é amável, mas também não sabe onde está sua refeição. "Gostaria de poder ajudar, mas não tenho nada a ver com o serviço de refeições. Verifique com a aeromoça quando estiver a bordo, com certeza tudo dará certo."

Relutantemente, você entra no avião. Quando pergunta à aeromoça sobre sua refeição vegetariana, ela fica confusa. Ninguém lhe disse nada a respeito de algum pedido especial de refeição, o avião está quase decolando e nada mais pode ser feito. "O senhor devia ter entrado em contato conosco mais cedo", ela o repreende. "Não haveria nenhum problema se tivéssemos sabido a tempo."

Nessa situação, a estrutura organizacional hierárquica estragou três "momentos da verdade" da companhia. Nenhuma das pessoas com quem o passageiro falou tinha autoridade para lidar com o problema específico e ninguém se atreveu a sair de seu papel habitual para tentar resolvê-lo.

Suponhamos agora que a organização mudou sua estrutura, achatando a pirâmide e colocando uma equipe de pessoas encarregadas do vôo Estocolmo–Nova York desde a sua origem.

A equipe tem 15 membros, dois dos quais funcionando como "instrutores", um no aeroporto e outro no avião. O instrutor do aeroporto reúne-se com a tripulação e consulta-a a respeito de informações prévias relativas ao vôo, tais como horário apropriado para iniciar o embarque, se há menores desacompanhados ou deficientes físicos na lista de passageiros, ou se alguém solicitou uma dieta especial.

Durante toda a manhã, a equipe do aeroporto reúne-se nos balcões de check-in para resolver problemas referentes a passagens, lugares marcados, cuidados com bagagem frágil, etc. Quando uma mãe chega com seu bebê, é recebida com um sorriso e informada de que um berço suspenso já foi colocado a bordo e que será feito o possível para manter vago o assento ao seu lado.

Quando você chega ao balcão e pergunta sobre sua refeição vegetariana, a funcionária não o manda rapidamente embora. Graças à nova organização da equipe, seu pedido de refeição torna-se responsabilidade daquela funcionária. Ela pode confirmar que a refeição já está a bordo ou tomar providências para que já esteja quando você entrar no avião.

À medida que mais e mais passageiros registram sua chegada, a equipe da SAS desloca-se gradualmente para o portão de embarque, onde cumprimenta os passageiros ao identificá-los. Os seus membros já estão bastante acostumados com o vôo para Nova

York e portanto podem responder a todas as perguntas habituais: como fazer a baldeação do Aeroporto JFK para o de La Guardia, qual é o tempo de vôo e se o comandante avisará quando o avião sobrevoar a Groenlândia.

Os problemas são resolvidos imediatamente. Nenhum empregado da linha de frente tem de esperar pela permissão de um superior. Nenhum passageiro embarca ainda com dúvidas ou insatisfeito.

Além disso, ao dar mais responsabilidade ao pessoal da linha de frente, estamos permitindo que eles prestem os serviços que sempre desejaram prestar, mas eram impedidos por uma estrutura hierárquica inflexível.

Tomemos, como exemplo, os avisos feitos aos passageiros pelo sistema de alto-falante do avião. Antigamente, o manual de normas da SAS incluía parágrafos que a tripulação lia textualmente. Quando resolvemos agir com maior flexibilidade, nós encorajamos os membros da tripulação a jogar fora o texto escrito e improvisar, em linguagem coloquial, sobre o que achassem mais importante: os passageiros, a situação do momento no avião, etc.

E será que eles seguiram os nossos conselhos? Um deles, com toda a certeza. No vôo matinal de Estocolmo para Copenhague, no dia 20 de setembro de 1982 – no dia seguinte à volta ao poder dos social-democratas, depois de um hiato de seis anos –, o comandante pegou o microfone e disse: "Bom dia, camaradas", e prosseguiu com uma brilhante sátira política.

Nenhum manual de instruções poderia detalhar a melhor maneira de se dirigir a todos aqueles homens de negócios que enchiam o avião na manhã seguinte após a vitória socialista. Com permissão para tomar conta da situação, entretanto, o comandante aproveitou um "momento da verdade" que os passageiros provavelmente nunca mais esquecerão.

Em outro vôo, um passageiro da classe econômica, curioso, deu uma espiada no compartimento da primeira classe. Ao dar com ele, o comissário convidou-o a entrar e mostrou-lhe as instalações.

Depois de uma visita também à cabine, o comissário ofereceu-lhe uma bebida.

– Que tal é estar trabalhando agora na SAS? – perguntou o passageiro.

– É maravilhoso, como se estivesse numa companhia completamente diferente.

– Como, exatamente?

– Bem, posso trazer um passageiro aqui dentro e oferecer-lhe uma bebida sem ter de pedir permissão a ninguém nem precisar fazer mais tarde um relatório prestando conta dos meus atos ou das bebidas que estão faltando.

É claro que a transformação da SAS nem sempre foi fácil e indolor. Logo que entrei para a companhia, com a nossa pressa de encontrar soluções rápidas para os seus problemas financeiros, nós achatamos tão depressa a estrutura organizacional que ocasionalmente aconteceram alguns tropeços durante o percurso.

A princípio, para que os efeitos de nossas mudanças pudessem ser imediatos, passamos simplesmente por cima dos gerentes de nível médio e entramos em contato direto com a linha de frente. Esta, por sua vez, passou ao largo da gerência média e veio diretamente ao topo para pedir assistência. Respondemos a isto com a emissão de memorandos por toda a companhia, reafirmando que a linha de frente tinha poder para tomar decisões individuais.

Tivemos de início um sucesso tão fantástico com o pessoal da linha de frente que não notamos nada de errado nos outros setores da organização.

A gerência média, porém, que estava compreensivelmente confusa com seu novo papel na organização, tornou-se hostil e contraproducente. Os gerentes tinham sido colocados numa situação totalmente inusitada em que eram pressionados de ambos os lados. De cima, eram bombardeados por diretrizes que entravam em conflito com suas expectativas e com sua experiência. Ouviam o que dizíamos, mas não sabiam converter as idéias em ações práticas. De baixo, exigiam-lhes conceder responsabilidades e poder para tomar decisões, o que viam como ameaça à sua própria posição.

Tínhamos instruído os gerentes médios para ouvir o pessoal da linha de frente e procurar saber o que era necessário para que realizassem o trabalho. Os gerentes, porém, não estavam acostumados a pensar em si mesmos como funcionários que exercem uma função de apoio, especialmente se for para apoiar pessoas que antes eram consideradas como seus subordinados. A palavra "apoio" sugere atendimento a necessidades e não administração. Na SAS, como em outras companhias, apoio e serviço tinham sido sempre relegados a posições inferiores. Todas as promoções deslocavam as pessoas das atividades de serviços ao cliente para a administração...

Dessa forma, mesmo depois da reorganização da companhia, os gerentes continuaram a ocupar seus escritórios cheios de livros de regulamentos, políticas e diretrizes. E quando as pessoas da linha de frente "desrespeitaram as regras" para ajudar os usuários, a reação natural dos gerentes médios foi tentar impedi-los. Isto enfureceu a linha de frente.

Embora nossa estratégia de descentralizar responsabilidades tenha sido um grande sucesso junto ao pessoal da linha de frente, foi árduo o trabalho que enfrentamos para encontrar a melhor maneira de inspirar os gerentes médios. Um exemplo disso foi a cena caótica com que me deparei uma vez, chegando à Suécia de uma viagem aos Estados Unidos, ao entrar no terminal. Aparentemente, os monitores indicativos do número dos vôos e sua esteira de bagagens correspondente estavam com defeito, e todos os passageiros, como loucos, procuravam suas malas.

Sugeri à moça do balcão de informações que afixasse alguns letreiros – manuscritos, se necessários – para diminuir a confusão.

– Bem que gostaria – respondeu ela. – O sistema enguiçou na segunda-feira passada e eu disse ao chefe que devíamos colocar cartazes provisórios para que as pessoas pudessem achar suas bagagens. Mas ele disse que o sistema logo ia ser consertado, e por isso os cartazes eram desnecessários.

– Mas isto foi há uma semana!

– Eu sei! Mas agora que já se passou uma semana inteira ele disse que *com certeza* os monitores serão logo consertados.

De volta ao escritório, telefonei para o responsável pela divisão competente e pedi-lhe que oferecesse duas opções ao chefe da moça: tirar sua linda mesa do seu espaçoso escritório e colocá-la lá embaixo no terminal de chegada, onde ele poderia acompanhar pessoalmente a situação e tomar decisões sobre os problemas. Ou ficar exatamente onde estava. Neste caso, deveria ceder seu poder de decisão às pessoas que estavam na linha de frente no terminal.

O gerente não compreendera que seu papel mudara com a nova organização. No passado, ele dava ordens e instruções à sua equipe. Agora, seu trabalho era estar à disposição deles, fazendo com que entendessem os objetivos do departamento e fornecendo as informações e recursos indispensáveis ao cumprimento desses objetivos no terminal de chegada. Seu dever não era ficar sentado no escritório decidindo se deveriam ou não ser fixados cartazes improvisados indicando esteiras de bagagens.

Grande parte da culpa por esse tipo de coisa era nossa. Tínhamos desiludido nossos gerentes de nível médio. Havíamos dado à linha de frente o direito de assumir responsabilidades, mas não tínhamos dado aos gerentes alternativas viáveis para o seu velho papel de intérpretes de regulamentos. Não lhes explicáramos como lidar com o que, à primeira vista, poderia parecer um rebaixamento.

Darei mais um exemplo do conflitante resultado inicial de nossas mudanças organizacionais na SAS.

Certo dia, um vôo da SAS que cruzava a Suécia atrasou-se muito por causa da neve. Assumindo a responsabilidade da situação, a comissária decidiu compensar os passageiros pelo inconveniente oferecendo-lhes café e biscoitos de cortesia. Distribuindo-os gratuitamente, ela sabia, por experiência, que precisaria de mais ou menos 40 lanches além do previsto. Dirigiu-se, então, ao serviço de refeições e solicitou o café e os biscoitos de que necessitava.

O gerente do *catering* – serviço de fornecimento de refeições – negou-se a atendê-la. Era contra o regulamento requisitar mais do que a quantidade de refeições destinada a cada vôo, e o gerente não cedeu. Mas a comissária não se deu por vencida. Reparou que um avião da Finnair estava estacionado no terminal seguinte. A Finnair é cliente externa do departamento de *catering* da SAS e, como tal, não está sujeita aos regulamentos internos da SAS.

Pensando com rapidez, a comissária da SAS abordou o seu colega da Finnair e pediu-lhe para encomendar 40 xícaras de café e 40 biscoitos. Este fez o pedido que, de acordo com o regulamento, o gerente do *catering* é obrigado a fornecer. A comissária comprou então da Finnair o lanche, pago com o dinheiro da "caixinha" da SAS, e serviu-o aos passageiros agradecidos.

Nesse caso, a comissária teve a audácia necessária para procurar uma maneira de lograr o regulamento e atender melhor aos usuários – o que com certeza não teria tentado fazer sob o antigo sistema. Ao mesmo tempo, entretanto, o gerente não conseguia entender por que uma simples aeromoça tinha o direito de tomar decisões que sempre haviam pertencido à sua esfera de ação, e mostrou-se perplexo e zangado.

O que o gerente não percebeu – o que nós não explicamos de forma adequada – foi o fato de que não deveria nunca ter questionado a autoridade da comissária ou de nenhuma maneira ter interferido na sua tentativa de satisfazer os clientes. Naquele "momento da verdade", a comissária tinha de agir com rapidez ou perder para sempre a oportunidade de agradar àqueles passageiros. Ela poderia ter levado a solicitação ao seu superior, mas isto teria acionado um processo burocrático que ainda não teria sido resolvido quando o vôo atrasado saísse. O gerente do *catering* poderia ter questionado mais tarde a decisão da comissária. Mas ninguém tem autoridade para interferir durante um "momento da verdade". Aproveitar essas oportunidades de ouro para servir ao usuário é responsabilidade da linha de frente: habilitá-la a fazer isto é responsabilidade dos gerentes de nível médio.

Posteriormente, acabamos por formar uma idéia muito mais clara da maneira como a pirâmide achatada deveria funcionar e também conseguimos fazer com que os gerentes médios entendessem qual era o seu novo papel. O trabalho ainda começa com algo que é transmitido de cima para baixo – os objetivos gerais para atingir as metas da companhia. Ao receber esses objetivos, a gerência média divide-os em conjuntos de objetivos mais específicos ao alcance do pessoal da linha de frente. Neste ponto, o papel do gerente de nível médio deixa de ser administrativo e passa a ser uma função de apoio.

As pessoas às vezes acreditam que delegar responsabilidade é o mesmo que abdicar da própria influência. Raramente acontece isso. Na verdade, o papel do gerente médio é indispensável ao bom funcionamento de uma organização descentralizada.

A motivação da linha de frente e o apoio ao seu trabalho exigem gerentes habilidosos e inteligentes, que tenham competência para treinar, informar, criticar, elogiar, educar, etc. Sua autoridade destina-se a transformar a estratégia geral em diretrizes práticas a serem seguidas pela linha de frente, mobilizando em seguida os recursos para que a linha de frente atinja os seus objetivos. Tudo isso requer um planejamento meticuloso e, ao mesmo tempo, saudáveis doses de criatividade e engenho.

Por exemplo, o gerente médio pode pedir aos funcionários responsáveis para descarregar as bagagens de cada vôo nas esteiras rolantes antes que os passageiros cheguem para pegá-las. O empregado da linha de frente responde: "Está certo, aceito seu desafio. Posso fazer com que a bagagem chegue antes dos passageiros. Mas para fazer isto preciso de três novos caminhões e mais sete funcionários." Em outras palavras, ele está dizendo ao gerente: "Se você quer que eu cumpra este objetivo, eu o farei. Mas você precisa fornecer-me os recursos." E cabe ao gerente de nível médio encontrar a maneira de fazê-lo.

Se o problema for crítico, o gerente médio deve redistribuir seu orçamento de acordo. Um gerente corajoso e criativo pode até mesmo ultrapassar os limites de seu orçamento, esperando que os resultados positivos cheguem simultaneamente com a prestação de contas. Um gerente médio que ainda não tivesse entendido nossa nova organização teria abertamente negado o pedido, se este não estivesse previsto no orçamento.

O ponto importante aqui é que os gerentes devem avaliar as despesas extraordinárias tendo em vista o segmento do mercado que essas despesas beneficiariam. No caso da SAS, se o investimento for compatível com a estratégia de servir às necessidades do viajante de negócios, deve então ser aprovado. Se não for, os recursos devem ser reservados para serviços coerentes com esse critério.

É possível fazer com que as pessoas desenvolvam suas habilidades dando-lhes responsabilidade total para alcançar um determinado resultado e não governando-as com normas rígidas. Eis um outro exemplo, em detalhes.

Para um viajante de negócios, o fator mais importante na escolha de uma empresa aérea é o horário – os vôos devem ser freqüentes e convenientes. O segundo fator mais importante é a pontualidade. Os vôos devem partir na hora.

Quando vim para a SAS, a reputação da companhia quanto à pontualidade estava se deteriorando rapidamente. Isto era evidente no comportamento de nossos passageiros. Nossos aviões atrasavam-se com tanta freqüência que os passageiros tinham se acostumado a chegar no aeroporto no último minuto – ou depois. Se chegassem muito antes, ficariam esperando pelas partidas atrasadas. Até os funcionários não se apressavam mais.

Falara-se muito sobre melhorar a pontualidade, mas ninguém agira; as sugestões eram geralmente rejeitadas com o argumento de que a pontualidade exigiria mais pessoal e mais aviões de reserva, e isto seria caro demais.

Logo percebemos que o problema real era o fato de ninguém ser totalmente responsável pela pontualidade. Assim, procuramos um ponto específico da organização onde situar essa responsabilidade.

Nosso centro de controle de operações, localizado em Copenhague, já estava encarregado de garantir que os aviões estivessem onde deveriam estar, que a tripulação fosse convocada, e assim por diante. Perguntamos então a John Sylvest, o gerente responsável pelo centro, se estava preparado para assumir o compromisso de transformar a SAS na empresa aérea mais pontual da Europa dentro dos próximos seis meses. Ele aceitou a tarefa, e nós lhe pedimos para calcular quanto isto custaria.

Ele se apresentou em nosso escritório de Estocolmo munido de documentos e gráficos detalhados e assistido por especialistas, pronto para defender seu estudo item por item. Nós o interrompemos e pedimos que nos desse somente as suas conclusões. Sua resposta foi 1,8 milhão de dólares e seis meses para levar a cabo o projeto.

É bem verdade que, naquela época, já estávamos perdendo muito dinheiro, mas 1,8 milhão para ser a companhia aérea mais pontual da Europa em seis meses era quase nada. Demos a ele a permissão para ir em frente, sem ao menos procurarmos saber quais eram suas recomendações específicas.

John ficou um pouco desconcertado. Não estávamos interessados em todos os fatos e sugestões que ele pretendia nos mostrar? Não. Estávamos interessados nos resultados. Os meios cabiam exclusivamente a ele.

Dentro de apenas quatro meses, nossa meta foi alcançada – com um custo de 200.000 dólares.

Como isto aconteceu?

É bom lembrar que os viajantes de negócios julgam a pontualidade pela hora da partida e não da chegada. As pessoas ficam inquietas à medida que os minutos passam e o avião não decolou. E foi a hora das partidas que John Sylvest escolheu como alvo para o seu trabalho.

O maior problema vinha sendo a nossa crescente atenção para com os serviços. Nossos funcioinários estavam segurando as decolagens até a chegada dos vôos da conexão, mesmo que estes estivessem atrasados. Afinal de contas, não se podia considerar um bom serviço deixar passageiros para trás! O resultado é que aviões demais ficavam no solo, uns esperando pelos outros. Este problema ampliava-se pelo mundo afora, tornando-se pior a cada dia.

Entretanto, a partir do nosso compromisso com a pontualidade, a solução era simples: se um avião não chegasse a tempo para suas conexões, tanto pior. Os outros aviões não iriam esperar. Não acumulando atrasos, faríamos tremendos progressos no sentido de manter os horários certos das partidas.

Se um tripulante não chegasse até a hora da partida, os passageiros eram normalmente obrigados a ficar sentados no terminal, esperando que se encontrasse um substituto. O centro de controle passou a dar novas instruções: sair na hora, a menos que o número de tripulantes estivesse abaixo do mínimo exigido. A segurança não deveria ser comprometida, mas os passageiros estariam certamente dispostos a tolerar um serviço de bordo mais lento em troca da pontualidade.

A comida foi submetida a procedimentos semelhantes. Se o manual dizia que deveria haver uma bandeja para cada passageiro e, por engano, o avião recebia uma bandeja a menos, a tripulação segurava o vôo até que outra bandeja fosse trazida para bordo. O plano de John Sylvest mudou isso também. "Saiam na hora", dizia ele. "Há sempre alguém que acabou de comer ou vai jantar logo que chegar. Se isto falhar, ofereçam uma refeição por conta da SAS quando chegarem. Para nos mantermos no horário, vale a pena a despesa."

Em seguida, John Sylvest atacou outra prática da filosofia orientada para o produto chamada "consolidação". Se um vôo está com apenas metade da lotação, às vezes é cancelado e seus passageiros colocados no próximo vôo disponível. Ocorria freqüentemente nos vôos entre Estocolmo, Oslo e Copenhague, com a finalidade de economizar combustível durante a crise do petróleo.

Embora a SAS tivesse economizado 2,6 milhões de dólares "consolidando" vôos no ano anterior, o procedimento realmente frustrava os passageiros e prejudicava a pontualidade. John planejou então utilizar o 1,8 milhão de dólares para assegurar a partida de todos os vôos programados, mesmo que tivessem menos da metade dos passageiros.

Na ocasião em que esse plano deveria ser posto em prática, contudo, a reputação revitalizada da SAS quanto à pontualidade estava atraindo tantos clientes novos que não tínhamos mais aviões meio-lotados para "consolidar"!

A conquista mais importante da campanha da pontualidade foi congregar todas as pessoas em torno de um mesmo objetivo. Nossa meta anterior era fazer com que 80% dos aviões saíssem na hora marcada. Isto dava a todos uma válvula de escape: 20% dos aviões podiam sair atrasados, e então por que correr para ter certeza de que o nosso vôo sairá na hora?

Agora a meta era atingir 100%. Sem maiores instruções da alta gerência, todos tentavam trabalhar de modo mais coeso e eficiente. A pontualidade passara a ser de interesse do grupo. Antes, não era responsabilidade de ninguém. Agora, era de todos.

A campanha da pontualidade recebeu uma ajuda inesperada com a introdução de um novo cargo, que denominamos de "gerente de serviço". O gerente de serviço certifica-se de que todos os problemas são resolvidos no solo e não passados à tripulação do avião. Ele também facilita o embarque dos passageiros. Se a quantidade de pessoas é muito grande, ele ignora as resoluções do manual a respeito do tempo estipulado para o embarque dos passageiros e inicia mais cedo o embarque.

O setor técnico da companhia também ofereceu sua contribuição. De acordo com as regras de manutenção, deve-se levar de 15 a 19 horas para checar um DC-9. Todavia, esse tempo vinha gradualmente aumentando à medida que diminuía a pontualidade em outras áreas da companhia, fazendo com que os aviões nem sempre estivessem disponíveis quando eram necessários. "Apertando" o tempo da manutenção, conseguimos tirar os aviões do hangar novamente entre 15 e 19 horas. Esse processo mais veloz, porém, não comprometeu a segurança. Na verdade, a motivação da pontualidade estimulou a busca de maior precisão, e isto, por sua vez, aumentou a atenção para com a segurança.

Minha participação na campanha foi uma surpresa – até para mim! Um dia, a porta do meu escritório se abriu e várias pessoas entraram com meu novo terminal de computador. Eu não solicitara tal coisa – mas o novo diretor da divisão de serviços da companhia encomendara um terminal para mim. Ele achou que deveríamos mostrar à empresa que estávamos acompanhando atentamente os progressos da campanha pela pontualidade, com o presidente, pessoalmente, seguindo cada passo da situação.

O terminal era atualizado automaticamente a cada cinco minutos. Eu podia acompanhar não só o andamento geral como também os casos específicos de trabalho bom ou medíocre. Vendo, por exemplo, que o pessoal de Oslo conseguira fazer com que um vôo saísse no horário, apesar das más condições do tempo, telefonei imediatamente para eles, com uma palavra de apreço. Ou, se o vôo se atrasasse, eu poderia ligar para o gerente de serviço e dizer: "Aqui é Jan Carlzon. Gostaria de saber por que aquele vôo saiu atrasado."

Evidentemente, não competia a mim controlar que vôos partem na hora e que vôos estão atrasados. Contudo, nas fases iniciais da campanha, isso certamente revelava a cada empregado da SAS o quanto valorizávamos sua atenção para com a pontualidade.

A despeito de alguns contratempos durante o percurso, a pirâmide da SAS foi devidamente achatada, e nossos empregados passaram a trabalhar com motivação e confiança renovadas.

Recomendo enfaticamente que outros executivos examinem suas próprias organizações com meticulosidade e rigor. Se conseguirem achatar suas pirâmides, estarão criando uma organização bem mais poderosa e flexível, não só capaz de servir bem aos clientes, mas também permitindo que a energia potencial dos seus empregados seja liberada. Os resultados podem vir a ser surpreendentes.

CAPÍTULO SETE

Assumindo riscos

HÁ UM CONTO POPULAR SUECO muito antigo sobre uma moça chamada Ronia que gostava de um rapaz das vizinhanças, apesar de suas famílias serem inimigas havia muito tempo. As duas famílias viviam nos lados opostos de um abismo tão profundo que qualquer pessoa que tentasse pulá-lo e falhasse morreria na certa.

Por ser amigo de Ronia, o rapaz foi visitá-la na fortaleza de sua família. Ao vê-lo, o pai da moça prendeu-o, com a intenção de usá-lo como refém para derrotar a outra família.

Ronia, então, ficou de pé à beira do abismo e preparou-se para pular. Se conseguisse cruzar o abismo, seria feita prisioneira pela família do rapaz e os dois lados estariam em iguais condições. Se não, tudo estaria perdido. Ela mergulharia para a morte e seu amigo estaria à mercê de seu pai.

Ela precisava de toda a sua coragem. Se errasse, as conseqüências seriam terríveis. Mas era a sua única chance.

E ela saltou para o outro lado!

Ronia sabia que existem ocasiões em que é preciso saltar. Aqueles que escolhem sempre o caminho mais seguro nunca atravessarão o abismo: ficarão de pé do lado errado.

Da mesma forma, tanto os empregados, individualmente, quanto as empresas, como um todo, têm de ousar dar um salto. No mundo empresarial, esse tipo de salto é chamado de "execução". Uma estratégia claramente estabelecida faz com que a execução seja muito mais fácil. É uma questão de coragem, às vezes beirando a temeridade, combinada com uma grande dose de intuição. Talvez seja impossível adquirir essas características, mas, quando existem, sempre podem ser mais desenvolvidas.

As idéias que nortearam nossas ações na Linjeflyg e na SAS não eram novas nem originais. Mas tivemos coragem para segui-las como ninguém jamais o fizera. Ao reduzir as tarifas da Linjeflyg, transformamos a indústria de viagens aéreas domésticas suecas, até então um serviço quase que exclusivamente dedicado aos homens de negócios, em algo comentado por todos e que todos estavam ansiosos para experimentar. Literalmente centenas de pessoas disseram-me "que não havia nada de novo naquilo. Há anos estamos dizendo que vocês deviam baixar os preços. É óbvio que vocês atrairiam mais passageiros ao cortar os preços pela metade".

Claro, a idéia era simples e óbvia. Na verdade, várias empresas aéreas, naquela época, tinham cogitado cortar preços, mas seus cálculos levaram-nas a concluir que os riscos eram muito grandes. Estou convencido de que, se eu fosse uma pessoa mais cautelosa e prudente, teria falhado completamente na Linjeflyg. Também teria feito meus cálculos, passo a passo, até que a dimensão do risco fosse tão enorme que me faria rejeitar a idéia por completo. Ao invés disto, atrevi-me a confiar mais na minha intuição do que na minha calculadora portátil. Cortar preços na Linjeflyg foi o meu abismo de Ronia.

Aconteceu o mesmo com a SAS. Não tínhamos como calcular ou medir para saber se as mudanças que estávamos propondo ou nossos investimentos no mercado trariam receita suficiente. Além de estimativas econômicas aproximadas, tínhamos somente a nossa intuição como guia. Contudo, quando ousamos dar o pulo, ganhamos muito mais do que poderíamos ter imaginado.

Infelizmente, muitos executivos carecem notoriamente de intuição, coragem e convicção. A companhia hierárquica é tradicionalmente comandada por pessoas altamente dotadas de conhecimentos em economia, finanças e outras especialidades da área técnica. Elas podem ser brilhantes, mas nem sempre são hábeis ao implementar ou tomar decisões. Encontram dez soluções para cada problema e, quando estão prestes a decidir qual delas tomar, encontram mais cinco. Enquanto isso, as oportunidades vão sendo perdidas. Surgem novos problemas, e torna-se necessário começar outra vez o processo. Às vezes penso que eles inventam novas alternativas só para evitar o salto crucial.

Não me oponho ao pensamento analítico. A análise é algo fundamental, mas deve ser dirigida para a estratégia geral da empresa e não para os elementos individuais desta estratégia. Para um observador racional, investir 50 milhões de dólares em melhoramentos quando a SAS estava perdendo 20 milhões por ano poderia parecer imprudência. E certamente teria sido se os melhoramentos não fizessem parte da estratégia global da empresa.

Antes de concluir que precisávamos fazer mais investimentos, analisamos o ambiente de negócios, formulamos um objetivo e desenvolvemos uma estratégia. Somente depois de estabelecer um contexto lógico é que demos o salto. Mais uma vez, como Ronia, tive a certeza de que o salto envolvia um risco enorme – e ao mesmo tempo era a nossa única chance.

Para ter êxito colocando em prática uma idéia que ninguém ainda teve a audácia suficiente para experimentar, você geralmente precisa dar um *grande* salto. A Linjeflyg havia tentado cortar preços, mas de uma forma tão tímida que o mercado nem percebeu. Várias empresas aéreas haviam criado uma classe executiva antes da SAS, mas nenhuma delas imprimia marca significativa no mercado. Iniciativas pequenas, tais como oferecer bebidas grátis, não são suficientes quando se está à beira do abismo.

A questão do senso de oportunidade também deve ser considerada em sua análise de negócios. Alguém se lembra de quem lançou os motores turbo para automóveis? Muita gente provavelmente diria que foi a Saab. Poucos lembrariam que a BMW introduziu seus turbo já em 1974. Por quê? Porque o senso de oportunidade da BMW foi o pior possível: o motor turbo foi lançado em meio à crise do petróleo, quando as medidas de racionalização tornaram as pessoas mais do que nunca interessadas em carros econômicos e pouca velocidade ao dirigir.

Em parte, a razão pela qual muitos executivos não saltam sobre o abismo é a crença de que a maioria das coisas não pode ser feita. A alta gerência da SAS, por exemplo, tinha o hábito de supor que encontraria dificuldades ao tentar obter permissão do governo para fazer mudanças. Imaginando antecipadamente que a resposta seria não, seus executivos raras vezes submetiam uma proposta. Pelo contrário, eliminavam a cada dia boas idéias que mal acabavam de nascer com argumentos tais como "as autoridades nunca permitirão" ou "isto nunca vai dar certo".

Adoto uma espécie de máxima que ajuda a sacudir obstáculos psicológicos como esse acima, que é a seguinte: "Atravesse paredes." Sua meta pode parecer impossível, mas não pare de tentar alcançá-la até que alguém realmente diga não. A parede que está diante de você pode não ser tão sólida quanto parece. Talvez não seja feita de pedra, talvez seja tão-somente uma estrutura de papelão que se derruba com facilidade.

Uma das primeiras vezes que atravessei uma parede, eu o fiz inadvertidamente. Quando era presidente da Vingresor, soube que a Thomson, uma grande firma inglesa de viagens, ganhava 20 dólares por pessoa além do que arrecadava com o pacote de turismo propriamente dito – lucros obtidos com venda de camisetas, com excursões, e assim por diante. Na Vingresor, fazíamos menos que um décimo dessa quantia. Com uma clientela de 200.000 passageiros anuais, poderíamos evidentemente fazer milhões de dólares.

Expliquei a situação a Claes Bernhard, um dos nossos homens de marketing, e encarreguei-o de conseguir os mesmos bons resultados da Thomson. "Faça como achar melhor", instruí, "mas o nosso objetivo mínimo é conseguir 20 dólares por cliente." Claes lançou mão de fantásticos recursos promocionais e instituiu concursos de vendas dentro da empresa, dando aos funcionários oportunidades de ganhar desde carros até vacas. Nossa receita finalmente alcançou oito dólares por pessoa e em seguida estacionou. Desapontado e perplexo, enviei Claes à Thomson para procurar saber como eles faziam.

O pessoal da Thomson ficou espantado. Eu havia interpretado mal as cifras. Eles realmente faturavam 20 dólares por pessoa, mas isto era a receita bruta. O lucro líquido era na verdade menor do que o nosso sempre fora. Ora, se eu soubesse disso desde o início, provavelmente teria ficado satisfeito com aquele estado de coisas. Minha incompreensão, entretanto, fez-me atravessar uma parede e aumentar substancialmente os rendimentos da Vingresor.

Na Linjeflyg, atravessamos outra parede que parecia intransponível. Durante os cinco anos anteriores à minha chegada, a companhia havia comprado 13 jatos, gerando um débito de 70 milhões de dólares. O que me incomodava não era o débito em si, mas o fato de termos comprado os jatos da Fokker, na Holanda, e a dívida ser em florins holandeses e não em coroas suecas. A taxa de câmbio era brutal; na realidade, a flutuação da moeda era responsável por 10 a 12 milhões de dólares da dívida. Além do mais, pelo fato de ser uma dívida pesada, estávamos tendo dificuldades em conseguir um empréstimo bancário para pagar a compra. A situação precisava mudar.

Atribuí ao nosso novo gerente administrativo, Bengt Hagglund, a responsabilidade pela transferência do empréstimo do mercado holandês para o mercado sueco. E então acompanhei o seu percurso através de todas as paredes. Bengt entrou em contato com as instituições de crédito da Suécia para tratar de empréstimo financeiro. E, apesar de o índice de garantia de capital da Linjeflyg ser insuficiente, o empréstimo foi concedido. Os bancos acreditavam em nossa nova estratégia e na estabilidade inerente a um serviço de utilidade pública. Bengt resolveu habilmente a questão sem a minha interferência – muito melhor do que se eu tivesse seguido o caminho tradicional e dissesse a ele exatamente o que fazer – o que teria tolhido a sua criatividade, que provou ser considerável.

Depois que reorganizamos a SAS e desencadeamos a energia de nossos empregados, atravessar paredes passou a fazer parte da rotina de nosso pessoal. Quando estávamos para inaugurar a EuroClass, por exemplo, queríamos dar destaque ao produto que íamos oferecer aos nossos viajantes de negócios. Fazia parte dos planos a adoção de balcões de check-in separados e mais rápidos. O senso comum dizia que as autoridades da Escandinávia igualitária nunca aprovariam tal medida porque esta criaria uma separação desigual de classes sociais. Uma parede típica. Porém, o que aconteceu? Submetemos assim mesmo a nossa solicitação e explicamos a nossa estratégia global. Os conselhos escandinavos da aviação civil compreenderam que o nosso pedido era um componente importante de nossa estratégia de mudança e aprovaram-no imediatamente.

A maior parede com que nos defrontamos – e ainda assim atravessamos – foi a que surgiu quando tentamos lançar a EuroClass, a despeito da forte oposição de outras companhias aéreas européias. No ano anterior, a Air France instituíra um sistema semelhante de classe executiva. Mas a sua Classe Affaires destinava-se somente aos passageiros que pagassem um acréscimo ao preço normal da passagem integral.

Quando introduzimos a EuroClass, nosso objetivo era fornecer um melhor serviço para aqueles que já haviam pago o preço relativamente alto de uma passagem integral. A Air France, entretanto, esperava que também cobrássemos o acréscimo.

Nós nos recusamos. Em tempos passados teríamos concordado com as exigências de nossos concorrentes. Na nova SAS, contudo, não podíamos abandonar nossa estratégia de negócios, mesmo correndo o risco de que a nossa determinação deflagrasse uma guerra entre as autoridades da aviação civil, que foi precisamente o que aconteceu.

Todavia, a Air France tinha poder sobre nós. A aviação comercial na Europa é regulada por uma série de acordos bilaterais civis entre os vários países. Ao estabelecer uma medida de igualdade para volume de produção, preços e níveis de serviço, esses acordos, em essência, dão às companhias aéreas de cada país o poder de veto sobre as ações das outras.

Além disso, a Air France pertence integralmente ao governo francês.

Embora pareça uma atitude exagerada a França cancelar seus acordos aéreos com a Escandinávia somente porque a SAS não consentira em cobrar mais por melhores serviços, esta era a situação em 1981. As autoridades francesas ameaçaram impedir a SAS de voar para a França. A SAS nem sempre concordou com o governo de sua própria terra, mas desta vez recebeu um apoio extraordinário: as autoridades escandinavas reagiram com uma ameaça idêntica contra a Air France.

Isso colocou a Air France numa espécie de dilema. Enquanto que a utilização de divisórias móveis permitia-nos ajustar o tamanho do compartimento da EuroClass de modo a acomodar, em cada vôo, tanto os passageiros da EuroClass quanto os da classe econômica, a Air France construía compartimentos permanentes para a Classe Affaires em seus aviões. Por conseguinte, a capacidade de passageiros da Classe Affaires – e, por extensão, sua lucratividade – estava fisicamente restrita.

Nós mantivemos a nossa posição, mas a Air France fez o mesmo, recebendo ainda o apoio de outras companhias européias de aviação comercial. Estávamos lutando contra quase toda a indústria de companhias aéreas européias. Era inegavelmente a parede mais imponente com que nos havíamos deparado. Não tínhamos outra escolha a não ser marchar direto para ela.

Num esforço para manter a competição entre a Classe Affaires e a EuroClass, a Air France reduziu sua tarifa executiva para equiparar-se à nossa e cortou ainda mais os preços das passagens integrais. Em represália, baixamos nossas tarifas normais. Seguiu-se uma guerra bilateral de preços, até que os ministros das relações exteriores da França e da Suécia encontraram-se em Estocolmo, com as duas companhias aéreas nos bastidores, para resolver o conflito. Ficou resolvido que a SAS poderia continuar a oferecer a EuroClass sem a sobretaxa. A Air France, por sua vez, poderia cobrar o nosso preço em sua Classe Affaires e também conceder pequenos descontos em passagens normais para os passageiros que não pudessem ser colocados no compartimento da classe executiva. (A Air France nunca implementou esse sistema e até hoje tem dificuldades, em seus vôos na Escandinávia, com a sua estrutura de preços e capacidade de passageiros da Classe Affaires.)

Por que essa questão foi tão importante para nós? Porque, se tivéssemos sido forçados a cobrar o acréscimo nos vôos da Euro-Class para a França, toda a estratégia que estava por trás da nossa classe executiva teria desmoronado. Ao atravessar a parede da Air France, estabelecemos de uma vez por todas o princípio de que a EuroClass não custaria mais do que a passagem integral. Sustentando o nosso empenho em manter nossa estratégia de negócios, conseguimos atingir nosso objetivo.

Sem uma estratégia claramente exposta, nunca teríamos recebido o apoio incondicional das autoridades escandinavas. A batalha com a Air France também reforçou de modo fantástico o moral de nossos empregados. Todos se uniram para lutar contra um inimigo externo, defendendo um princípio que todos partilhávamos.

Não é só a alta gerência que precisa aprender a saltar sobre o abismo; o hábito de assumir riscos deve ser difundido por toda a organização.

Infelizmente, a maioria dos empregados da linha de frente vem seguindo regulamentos há tanto tempo que poucos têm coragem de tentar fazer algo diferente. Receosos de tomar uma decisão que possa desagradar a um superior, eles transferem a responsabilidade outra vez para cima – em casos mais extremos, diretamente ao conselho diretor. (Isto acontece mais vezes do que a maioria dos executivos gostaria de admitir.)

Se os funcionários da linha de frente devem realmente tomar decisões que acarretam algum tipo de risco, é necessário que se sintam absolutamente seguros. Possuir conhecimentos e informações não é suficiente, se eles acreditam que uma decisão errada pode causar-lhes problemas ou até mesmo custar-lhes o emprego. Precisam saber que podem cometer enganos. Só assim ousarão utilizar inteiramente a sua nova autoridade.

Tal segurança vem de duas fontes: uma interna e outra externa. A alta e a média gerência podem criar ambas.

A segurança interna pode surgir do aumento do sentimento de auto-estima, gerado por responsabilidades maiores. Como assinala Eric Fromm, ninguém pode "possuir" poder e autoridade no verdadeiro sentido destas palavras, porque, quando uma pessoa perde o título pomposo e o grande escritório, perde também a autoridade. Na realidade, autoridade e responsabilidade estão ligadas ao indivíduo: ao seu bom senso, aos seus conhecimentos e à sua maneira de lidar com os outros. Isto confere à pessoa uma autoridade que ninguém pode tirar. O ideal seria, então, que os empregados tirassem o seu sentimento de segurança de dentro de si mesmos.

A segurança externa deve ser proporcionada por aqueles que estão situados nos níveis organizacionais mais altos. Os líderes e os gerentes devem dar orientação, e não punição, aos empregados que assumem riscos e, eventualmente, cometem erros. As decisões erradas devem ser usadas como base para o treinamento; as decisões corretas, para os elogios e exemplos positivos. A pessoa que for repreendida por seus erros deve ter o direito de defender-se sem temer represálias.

Gostaria de esclarecer aqui que o direito de errar não equivale ao direito de ser incompetente, muito menos quando se trata de alguém que faz parte da gerência. Um gerente não poderá ser mantido em sua posição se não aceitar a estratégia da companhia ou for incapaz de cumprir seus objetivos.

A legislação trabalhista sueca, que garante ao empregado o direito de não ser despedido a não ser por justa causa, obrigou-nos a examinar rigorosamente a segurança do emprego. Talvez muitos executivos americanos discordem dessa legislação, mas eu a considero uma bênção, pois fornece uma plataforma de segurança que permite a descentralização da responsabilidade e encoraja os funcionários a assumirem alguns riscos.

Surpreendentemente, aos descentralizar a SAS, conseguimos menos sucesso nos Estados Unidos do que em qualquer outro lugar. Gostamos de pensar na América como a terra dos homens livres e a pátria dos bravos, mas na realidade os americanos relutam em assumir riscos no seu dia-a-dia de trabalho. Penso que isto acontece porque a maioria das companhias americanas não oferece verdadeira segurança de emprego. Ou você mantém o chefe contente ou não recebe o salário na semana seguinte.

Um outro exemplo, ocorrido durante a nossa campanha de pontualidade na SAS, ilustra mais uma vez a minha argumentação sobre a necessidade de estimular os empregados de todos os níveis a assumir riscos. Certa vez, um importante executivo de uma empresa sueca pediu, pelo rádio de seu jatinho, ao aproximar-se do Aeroporto Kennedy, que fosse comunicado à SAS o seu atraso de alguns minutos para o vôo com destino a Estocolmo. Embora ele não a tenha realmente expressado, havia em sua mensagem uma clara implicação de que deveríamos fazer o avião esperar.

Em outros tempos teríamos feito exatamente isto. Estaria fora de cogitação deixar para trás uma pessoa tão importante, arriscando-nos ao rancor de alguém muito influente. Não havia instruções para esperar, mas não seria prudente partir sem aquele passageiro VIP. Era mais seguro esperar do que aventurar-se a uma repreensão.

Entretanto, quando o executivo chegou, o avião já havia decolado, no horário previsto. Um representante da SAS cumprimentou-o e explicou que havia sido feita uma reserva em seu nome num vôo da KLM que partiria dentro de meia hora. Seria o mesmo tipo de avião e o executivo ocuparia um assento com o mesmo número que costumava reservar na SAS. Ele se deu por satisfeito e não fez nenhuma reclamação, e a SAS manteve a sua reputação de pontualidade – porque um dos seus empregados ousou encontrar uma solução alternativa para o problema.

Em outra ocasião, eu estava sentado com os pilotos na cabine de comando, estando próxima a hora da partida. Os segundos passavam e o momento mágico estava cada vez mais próximo. Decolaríamos na hora marcada? Então, o comandante murmurou algo sobre uma luz indicando um defeito qualquer a bordo. Uma porta não estava bem fechada. Segurando o microfone, ele pediu à tripulação da cabine para abrir e fechar aquela porta outra vez. Enquanto isto era feito, o ponteiro maior do relógio ultrapassou a hora da partida. De repente, sentimos um baque surdo no avião. O que era aquilo? O comandante abriu um largo sorriso e apontou para baixo. Era o motorista do caminhão-reboque que, amigavelmente, avisava que estava na hora de partir!

Esse incidente pode parecer insignificante para um leigo, mas para mim, consciente da outrora enorme diferença de status entre um motorista de caminhão e um comandante da SAS, era uma experiência notável. Uma prova cabal de que estávamos todos trabalhando juntos em nossa campanha para transformar a SAS na companhia aérea mais pontual do mundo.

E desde então a SAS tem sido a companhia aérea mais pontual da Europa.

Capítulo oito

Utilizando a comunicação

Em 1981, ao prepararmos a introdução de várias mudanças organizacionais na SAS, distribuímos a cada um dos 20.000 empregados um livreto de capa vermelha intitulado "Vamos à luta", logo apelidado popularmente de "livrinho vermelho". O livreto era uma ferramenta para ajudar-nos a apresentar nosso conceito e estratégia globais e, de modo mais específico, nossas expectativas em relação aos próprios funcionários.

Muitos acharam que o livrinho vermelho era elementar demais para os diversos empregados da SAS que possuíam formação apurada e intelectualizada. Tinha apenas poucas palavras em cada página, em caixa alta, e era ilustrado com desenhos, no estilo das histórias em quadrinhos, de um avião sorrindo, franzindo o cenho ou cobrindo os olhos com as asas ao mergulhar no espaço.

Elementar ou não, o livrinho foi uma ferramenta eficiente para a comunicação interna. Tendo abolido a velha estrutura hierárquica, não podíamos *mandar* nossos empregados fazerem as coisas de maneira diferente. Ao contrário, tínhamos de transmitir o novo ideal da companhia e *convencê-los* de que podiam e deviam assumir a responsabilidade de atingir este ideal. As figuras e palavras do livrinho vermelho fizeram exatamente isto.

Muitas das histórias que já contei sobre como motivamos nossos empregados e desencadeamos energias escondidas na companhia são, na verdade, histórias sobre informação, persuasão e inspiração – ou seja, comunicação. Numa companhia descentralizada, voltada para o usuário, um bom líder passa mais tempo ocupando-se com a comunicação do que com qualquer outra coisa. Precisa comunicar-se com os empregados para mantê-los a par das novas atividades e serviços da companhia.

Desde o meu primeiro dia na SAS, eu fiz da comunicação, particularmente com os nossos empregados, a mais importante das prioridades. Na realidade, durante o primeiro ano, passei literalmente a metade das minhas horas de trabalho "em campo", falando com o pessoal da SAS. Naquela época, o comentário geral era que sempre que três empregados se reunissem provavelmente Jan Carlzon apareceria e começaria a conversar com eles. Era a minha forma de aceitar parte da responsabilidade e mostrar que meu entusiasmo e meu envolvimento eram genuínos.

Numa companhia organizada hierarquicamente, onde o chefe dá as ordens, cabe aos empregados compreender o significado destas ordens. O chefe só precisa ter certeza de que expressou a mensagem corretamente. Todavia, numa empresa como a SAS, o líder precisa ir muito mais além, pois transmite uma estratégia a milhares de pessoas que tomam decisões de modo descentralizado e aplicam esta mesma estratégia geral a situações específicas. Mais do que simplesmente formular sua mensagem, você precisa estar certo de que cada empregado entendeu e absorveu realmente o que foi transmitido. Isto significa que a abordagem deve ser invertida: é necessário considerar quais as palavras que serão melhor assimiladas pelo interlocutor e torná-las suas.

Isso pode levar alguns líderes a utilizar uma linguagem mais simples e direta. Não existe, porém, algo que possa ser classificado como uma frase "supersimplificada". É melhor ser claro e simples do que correr o risco de ser mal compreendido por um de seus empregados. O livrinho vermelho foi um exemplo clássico.

Mensagens claras e simples transmitidas por um líder ajudam a estabelecer metas que todos podem se esforçar para atingir. Quando John Kennedy declarou: "Quero o homem na Lua antes de 1970", estabeleceu uma meta para uma nação inteira. Não era ele quem iria executar a tarefa, mas sua contribuição vital foi esta simples e breve afirmação, que dirigiu os esforços dos cientistas para um mesmo rumo.

As mensagens mais poderosas são as simples e diretas, que podem servir como um grito de guerra para todos os tipos de pessoas, através de todos os níveis da empresa. A mensagem não precisa ser pomposa nem original.

Depois de uma palestra, as pessoas muitas vezes me dizem: "Foi uma maneira fenomenal de explicar os pontos óbvios." Nem sempre tenho certeza de que isto foi um elogio; talvez os que o fazem também não estejam muito certos. Porém, acredito que transmiti minha mensagem se o que disse foi entendido como óbvio. Significa que encontrei uma forma de expressar algo que toca uma corda sensível em quem está me ouvindo. Que consegui estabelecer comunicação.

Foi essa capacidade de comunicação que muito me ajudou durante os meus primeiros anos na Linjeflyg e na SAS. Ouvindo os empregados e falando uma linguagem simples, consegui articular suas próprias idéias. O que aprendi do contato com eles não só deu forma ao meu pensamento estratégico como esse tipo de abordagem mencionada ajudou-me a conquistar o seu apoio e, conseqüentemente, ajudou a companhia a atingir seus objetivos.

Não há dúvida de que esse tipo de comunicação de liderança a que me refiro envolve mais do que simples senso teatral. Se você quer ser um verdadeiro líder, não pode ser tímido ou reticente. Saber como aparecer diante de um grande público e persuadi-lo a "comprar" sua mensagem é um atributo fundamental da liderança – quase tão importante quanto saber avaliar ou planejar.

Dizem que apareço bem na televisão. Contudo, sei que não é porque minhas idéias são necessariamente excepcionais, mas porque evito atravancá-las com palavras que o público possa não compreender. Minha meta é convencer as pessoas, não mostrar que sei mais do que qualquer um.

Vejamos, por exemplo, o debate público sobre a questão do imposto de renda durante a campanha eleitoral sueca de 1979. Depois de 40 anos de regime socialista, a maior alíquota do imposto de renda na Suécia atingira cerca de 90%. Como muitos outros, eu argumentava que o governo arrecadaria mais receita se a taxa de impostos fosse reduzida para 50%. Determinado a mudar algumas opiniões, eu precisava encontrar uma maneira de fazer com que as pessoas escutassem essas idéias de outra forma.

Calculei que a margem de impostos acima de 50% dava ao governo 1,5 bilhão de dólares. Então, fui à televisão e disse: "Estou disposto a colocar 1,5 bilhão de dólares num cofre de banco e entregar as chaves aos nossos líderes políticos. Se eles fizerem como estou sugerindo e reduzirem a taxa do imposto, a Suécia ficará em melhor situação – e quero o meu dinheiro de volta e alguma influência sobre os procedimentos financeiros no futuro. Se eu estiver errado, podem ficar com o meu dinheiro, e o país não terá perdido receita alguma."

As pessoas acusaram-me de usar um truque publicitário para chamar a atenção e, de certo modo, estavam certas. É claro que eu não tinha 1,5 bilhão de dólares para dar ao governo sueco. Mas, ao divulgar a minha mensagem daquela maneira, consegui atingir o alvo desejado. A história apareceu nos jornais do mundo todo. De uma cidadezinha na Flórida, um senhor enviou-me uma carta agradecendo a minha sugestão. "Jovem", ele escreveu, "mesmo que esses sejam realmente os seus últimos milhões, você com certeza vai ganhar essa aposta." Até do outro lado do Atlântico eu conseguira tocar uma corda sensível – não só pela mensagem em si, mas também por causa de sua apresentação.

O senso teatral às vezes exige que você se exponha um pouco para transmitir a mensagem. O *entertainer* que não dá algo de si mesmo nunca impressionará a platéia, não importa quão impecável seja o seu desempenho. O mesmo se aplica ao líder de uma companhia.

Somente uma vez fiz um discurso usando um manuscrito preparado de antemão. Foi um desastre completo. Não havia nada de errado com o assunto – era uma mensagem bem elaborada e bem redigida. Mas não sou bom para ler discursos.

Ao contrário, já fiz centenas de palestras e conferências sem utilizar material escrito – só a minha própria persuasão. Isto me permite alguma expansão, faz com que seja possível falar de algo que aconteceu há pouco ou adaptar instantaneamente minhas palavras à situação do momento. No capítulo 2, descrevi o dia em que apresentei a nova estratégia de negócios aos empregados da Linjeflyg. Eu havia preparado um discurso sério e ponderado sobre a maneira como a vida na Suécia tinha mudado e como a Linjeflyg também precisava mudar, mas logo percebi que a atmosfera estava festiva demais para aquele discurso. Precisei resolver na hora como adaptar o que ia dizer à hesitação do momento.

Os mesmos princípios aplicam-se à comunicação realizada fora da companhia através de publicidade, relações públicas e propaganda institucional. A não ser que você seja capaz de comunicar com clareza sua estratégia aos seus usuários, é melhor nem desenvolvê-la. Lembram-se da promoção "Y50", da SAS – um desconto de 50% no preço das passagens para jovens? Ninguém sabia o que isto queria dizer. Mas todos sabiam o que a promoção da "Nota de Cem" da Linjeflyg significava. Neste caso, o que mais atraiu centenas de milhares de usuários não foi a idéia, mas a forma como a mensagem foi transmitida.

Quando começamos a reorganizar a SAS, nossos críticos tacharam nossas tentativas de meros "recursos promocionais". Eles alegavam que nos tínhamos tornado demasiadamente orientados para o mercado, mas não havíamos de fato aumentado nosso orçamento de publicidade em nem ao menos um centavo. Na realidade, estávamos gastando nosso dinheiro de modo mais eficiente em mensagens que eram facilmente compreendidas.

Antes, os nossos anúncios eram vagos e genéricos, com expressões tais como: "Dêem o mundo aos suecos." Poucas pessoas se lembram deste anúncio e pouquíssimas entenderam seu pretenso sentido. Por isso, quando introduzimos a EuroClass, anunciamos: "Não é preciso brigar por um bom lugar!" e "O mais próximo possível da primeira classe com uma passagem comum!". Longe de exagero, eram informações seguras que os viajantes poderiam utilizar ao escolher uma companhia aérea.

A comunicação envolve mais do que simplesmente palavras e imagens publicitárias. Também inclui símbolos. Tudo o que se refere a um líder tem valor simbólico, do estilo de vida e maneira de se vestir ao comportamento. Isto me faz lembrar um fato ocorrido na Linjeflyg. A companhia tinha os escritórios mais enfadonhos que se possa imaginar. O presidente, no entanto, tinha não só um amplo e claro gabinete de frente para a rua como uma sala de refeições com lugares para oito pessoas. Quem quer que comesse ali desfrutaria de enorme prestígio.

Logo cheguei à conclusão de que a sala de refeições tinha de acabar. A Linjeflyg, uma empresa pequena, dava uma impressão desfavorável com aquela sala pretensiosa. Se eu começasse a comer lá, minha atitude criaria tacitamente uma imagem que não me agradava. Assim, durante as primeiras semanas, eu saía do prédio na hora do almoço e comprava um cachorro-quente.

Eu ainda estava procurando a oportunidade certa para fechar a sala quando um dos meus gerentes disse que deveríamos ter um contato melhor com nossos empregados.

"Excelente!", respondi. "Vamos começar almoçando com todo mundo. Vamos acabar com a sala de refeições dos executivos!" Sem perder tempo, mudamos minha mesa para a sala de refeições e convertemos meu antigo escritório numa sala de reuniões que qualquer um poderia usar – algo de que realmente precisávamos.

Nesse meio tempo, os executivos começaram a almoçar na cantina dos empregados. Era um sinal inequívoco de que estávamos todos ali na empresa para trabalharmos juntos e não para que alguns pudessem ocupar grandes salas privilegiadas. Todos perceberam claramente o recado: algo de novo estava acontecendo – dali por diante eram os resultados que contavam e não o prestígio.

A maneira de ser dos líderes é cuidadosamente observada e copiada dentro das empresas. Por sua vez, através do comportamento das pessoas, a personalidade do líder começa a ser absorvida por toda a companhia.

Em todas as empresas, os gerentes queixam-se dos maus hábitos do seu pessoal. Se eles examinassem os padrões mais de perto, entretanto, veriam que em geral o mau comportamento começa no topo. Na SAS, há algum tempo, começamos a ficar preocupados com a grande quantidade de viagens a trabalho que acontecia na companhia. Até mesmo grupos inteiros estavam viajando para outras cidades só para discutir alguns detalhes de procedimento! A princípio, não percebêramos que oito membros da alta gerência tinham decidido passar uma semana excursionando pela União Soviética, uma viagem em que os interesses da SAS contavam muito pouco. A minha intervenção cancelou a viagem, mas era tarde demais para impedir o falatório que já se espalhara pela companhia: "Se eles podem, nós também podemos!"

Os líderes devem ter consciência de quanto a comunicação não-verbal pode vir a ilustrar o estilo que as outras pessoas na empresa devem seguir. E, sendo assim, o líder estará ajudando a criar a verdadeira imagem que a companhia apresenta a seus clientes.

Logo que fui para Linjeflyg, percorri vários aeroportos. No final de uma dessas visitas, senti um certo constrangimento por parte dos funcionários, mas não sabia por quê. Então, um dos empregados veio me dizer, com muito tato, que estavam esperando que eu embarcasse no avião.

– Está tudo pronto? – perguntei. – Não ouvi anunciarem o vôo.

– Não, mas assim que o senhor entrar e escolher onde quer sentar, embarcaremos o resto dos passageiros.

Se você indica com suas ações que está acima até mesmo de seus clientes, será difícil considerar-se um empresário voltado para o mercado. Eu vinha do ramo intensamente competitivo dos *charters* turísticos, em que estava fora de questão ter preferência sobre um passageiro. Portanto, esperei até que todos embarcassem e fiquei satisfeito por encontrar um lugarzinho para mim.

Na SAS, oferecemos jornais e revistas no avião. Nem sempre temos o suficiente para todos, e a tripulação, querendo ser gentil, às vezes vem oferecê-los a mim em primeiro lugar para que eu faça a minha escolha. "Nem pensar", digo a eles. "Não posso separar nada para mim antes que os passageiros escolham o que querem."

Já ouvi dizer mais de uma vez que a tripulação de cabine interpreta esses pequenos gestos simbólicos desta maneira: "Até a diretoria colabora no sentido de oferecer bons serviços aos passageiros. Isto revela respeito pelo *nosso* trabalho." Demonstrando que nós mesmos nos colocamos depois de nossos clientes, estamos dizendo aos nossos empregados – e aos clientes – qual é realmente a ordem das prioridades.

Dar um bom exemplo é verdadeiramente o meio de comunicação mais eficaz – e dar um mau exemplo é desastroso! A maioria dos gerentes tradicionais cobre-se com os ornamentos dos imperadores. Porém, quando o usuário é o mais importante, não nos podemos permitir atitudes desse gênero.

CAPÍTULO NOVE

Conselhos e sindicatos

QUANDO DECIDIMOS TORNAR A SAS mais orientada para serviços, os comissários resmungaram que poderiam oferecer um serviço muito melhor se lhes déssemos novos carrinhos para servir refeições e bebidas nos aviões.

É evidente que, com os novos carrinhos, pouparíamos minutos preciosos servindo os passageiros, especialmente em vôos curtos. Entretanto, a substituição dos carrinhos usados custaria dois milhões de dólares. Quem aprovaria uma despesa de dois milhões com algo tão trivial, quando a companhia estava perdendo 20 milhões por ano? A questão da compra dos carrinhos já vinha sendo debatida cinco anos antes da minha entrada para a SAS, durante os quais tanto a gerência quanto o conselho tinham evitado tomar uma decisão final. Como poderiam calcular a lucratividade do investimento se não sabiam qual a importância dos carrinhos na estratégia geral?

Porém, quando a nova estratégia visando ao usuário foi estabelecida – com a aprovação do conselho –, ficou óbvio que os novos carrinhos eram de fato um elemento importante. E devido ao fato de os diretores já terem aprovado a estratégia como um todo, não precisávamos mais ir até eles por causa desse pormenor. Nós mesmos autorizamos a despesa de dois milhões de dólares.

Já falei muitas vezes aqui sobre transmitir a visão do quadro geral aos gerentes de nível médio e aos empregados da linha de frente; é uma das ferramentas de que precisam para fazer bem o seu trabalho em uma empresa descentralizada. Outros grupos dentro da organização também precisam compreender a estratégia global para que possam dar sua contribuição. A gerência freqüentemente considera os sindicatos como inimigos e encara o conselho, na melhor das hipóteses, como o último ponto para onde é possível delegar responsabilidades. Na realidade, ambos são recursos válidos a que se deve recorrer para atingir os vitais objetivos orientados para o usuário, como os que estabelecemos para a SAS.

Surpreendentemente, a equipe gerencial típica não compartilha a estratégia global de negócios com o conselho. Muitos presidentes de companhias, na verdade, temem seus conselhos. Conheço um *chairman** que tenta desestabilizar o presidente da companhia começando todas as reuniões do conselho com a pergunta: "Vamos demitir o presidente?"

Os presidentes de companhias que são intimidados por seus conselhos administrativos costumam guardar para si a sua visão da corporação e, como substituto, tentam agradar ao conselho com migalhas de informações positivas para fazer com que a equipe gerencial pareça ser bem-sucedida. Ao mesmo tempo, delegam "para cima", solicitando a aprovação do conselho para questões de menor importância. Em seguida, voltam para a empresa e anunciam o que foi decidido pelo conselho. A decisão passa a ser lei, porque não existe nenhuma autoridade maior a quem apelar. Essas leis são disseminadas por toda a organização, até a linha de frente, para serem implementadas.

Isso não só desperdiça tempo e reprime a motivação do pessoal como é uma forma pouco hábil de aproveitar a experiência coletiva de negócios do conselho. Um conselho mal informado a respeito da estratégia geral terá dificuldades em avaliar e apreciar as razões que estão por trás dos pedidos da gerência.

---

* Presidente do conselho administrativo, ou conselho diretor.

Se o conselho, entretanto, for chamado a participar da definição do conceito geral da empresa, estaremos então começando a utilizá-lo de maneira sensata. Esta atitude faz com que o conselho focalize sua atenção em questões estratégicas mais abrangentes, em vez de dispersar seus esforços em detalhes que podem ser resolvidos por outros setores da companhia.

Todavia, por força do hábito, existe a probabilidade de o conselho ressentir-se por não estar envolvido em todas as decisões. Esta não é uma situação fácil! Se a alta gerência resolve delegar decisões, responsabilidades e autoridade a outros níveis da companhia e, ainda assim, o conselho insiste em participar de decisões referentes a detalhes, então todo o sistema fica fora dos eixos! É preciso admitir que é difícil conseguir um equilíbrio perfeito entre o conselho, a direção e a organização em geral.

No entanto, ao liberar o conselho das pequenas decisões e da papelada que as acompanha, o presidente pode aliciar os seus integrantes para o debate dos assuntos mais críticos da estratégia e capitalizar o potencial da sua vasta experiência de negócios em benefício da companhia.

Se eu tivesse apresentado ao conselho da Linjeflyg uma proposta típica de corte de tarifas, o conselho teria solicitado uma complexa série de cálculos para comprovar o plano. Em vez disso, apresentei o corte de tarifas como parte de uma idéia muito mais ampla – incluindo aumento da freqüência de vôos, publicidade e promoção –, e eles aceitaram, baseando-se nos mesmos sentimentos intuitivos que me haviam impelido a fazer a proposta. "Vá em frente!", afirmaram em uníssono.

Na SAS, o apoio do conselho à nova visão geral foi imprescindível. O rumo que deveríamos seguir envolvia investimentos substanciais num ano improfícuo para a empresa e durante uma queda generalizada do mercado. Credite-se aos membros do conselho – liderados por Haldor Topsoe, nosso *chairman* dinamarquês – o mérito de ter compreendido nossa meta de revolucionar a companhia sem depender do crescimento do mercado para tornar isso possível. Topsoe, na verdade, empenhou-se em ajudar-nos a explicar o plano – sem exigir cálculos ou investigações detalhadas. Eu estava extremamente ansioso quando chegou o momento de apresentar o plano integral de operações ao conselho. "Momento" talvez não seja a palavra certa – foi um monólogo que durou várias horas!

Diante do quadro completo, o conselho aceitou nosso plano sem reservas. O objetivo deveria ser atingido, foram as instruções; de que maneira, cabia a nós decidir. O que o conselho nos deu como diretriz foi, falando claramente, "inverter a curva descendente e produzir lucro, *sem contar com o crescimento do mercado* para isto".

Sempre tive por hábito consultar os três presidentes do conselho da SAS em particular – não, como já disse, para fazer com que tomassem conhecimento de todos os detalhes, mas para me certificar de que a SAS estava no rumo certo. Cada um deles é um importante homem de negócios na Escandinávia: um era um banqueiro norueguês, o outro era um industrial sueco e o terceiro era um engenheiro e empresário dinamarquês. Em conjunto, suas especialidades são um recurso extraordinário, que utilizei regularmente como sondagem, antes de abordar todo o conselho.

O sindicato é outro tormento constante para muitos empresários. Porém, os sindicatos também têm potencial para contribuir de modo significativo para o trabalho da corporação.

Numa companhia hierarquizada, os sindicatos representam as pessoas localizadas na base da pirâmide, que recebem ordens e diretrizes. Portanto, é função dos sindicatos examinar e questionar, no interesse dos trabalhadores, as decisões que foram tomadas pela direção da companhia. Os sindicatos, desta forma, servem de freio ao processo gerencial.

Entretanto, se o processo de tomada de decisão for descentralizado, o papel dos sindicatos muda fundamentalmente. Com os seus próprios elementos agora tomando decisões como parte de sua nova função, os sindicatos não podem mais se opor a essas decisões. Não podem ser adversários daquelas pessoas cujos interesses representam. Ao contrário, os sindicatos precisam *associar-se* a seus membros e à gerência.

Numa companhia como a SAS, que descentralizou o seu processo decisório, os sindicatos desempenham agora três papéis.

O primeiro, e mais importante, é o cooperativo. Junto com a alta gerência, os sindicatos participam da análise, debate e estabelecimento da direção e estratégia geral da companhia. Os sindicatos e a gerência de nível médio devem participar do planejamento para a aquisição e distribuição de recursos, determinando as metas de ganhos; projetando as pautas de investimentos, e assim por diante. Com a linha de frente, os sindicatos exercem a sua função natural, defendendo as pessoas que representam, ou seja, aqueles que agora tomam todas as decisões.

O segundo papel desempenhado pelos sindicatos é semelhante ao de um auditor interno. Devem examinar de forma crítica a maneira como a companhia está seguindo as leis trabalhistas e os acordos coletivos.

O terceiro é mais tradicional: os sindicatos ainda precisam sentar-se do outro lado da mesa durante as negociações. No entanto, depois de ajudar a formular as operações e investimentos da companhia, não podem mais assumir a posição de adversários, minando a estratégia da companhia. De nada serviria este tipo de atitude, já que participaram durante todo o tempo da construção dos fundamentos estratégicos da companhia.

Os sindicatos que aceitam esses papéis tornam-se colaboradores de importância vital, e não ameaças, para o processo gerencial. Devido ao seu relacionamento com as classes populares, os sindicatos têm acesso a um amplo cabedal de conhecimentos, idéias e opiniões que, de outra maneira, seriam inacessíveis aos dirigentes da empresa. Os sindicatos dispõem de uma rede de contatos espalhada pela empresa que não está ao alcance da gerência.

Partindo de um líder empresarial, essas idéias podem soar como heresias. Acredito, entretanto, que dentro em breve as tendências sociais impelirão sindicatos e gerentes a redefinirem seu relacionamento e a abandonarem suas tradicionais posições de adversários. Não quero dizer com isto que os sindicatos devam assumir o encargo de fazer com que as coisas caminhem para esta direção. Antes, as condições sociais básicas têm de mudar. Os sindicatos só poderão começar a ajustar sua maneira de operar quando as companhias tiverem adaptado seus objetivos, suas estruturas organizacionais e seus procedimentos à nova ordem social. Neste ponto, então, não há dúvida de que os sindicatos influenciarão as companhias, e as companhias, por sua vez, a sociedade.

Para que seja possível expandir o trabalho cooperativo, a gerência também precisa aprender a ver os sindicatos como sócios naturais e recursos genuínos. Cada uma das partes deve familiarizar-se com a maneira de pensar da outra. Nós, os dirigentes, precisamos dar aos sindicatos a oportunidade de compreender os nossos processos de raciocínio.

É bem verdade que a presença de representantes de sindicatos pode inibir a improvisação e o debate aberto. De início, nossos gerentes comportavam-se realmente de outro modo em reuniões em que os sindicatos estavam representados. Com o tempo, entretanto, isto mudou. "Não se preocupe com isto", disse-me um representante sindical quando estávamos discutindo o problema. "Descobrimos que vocês também são humanos."

Se a adaptação à nova situação é difícil para os gerentes, não é mais fácil para os representantes sindicais. A dinâmica do antagonismo tem raízes profundas. Para muitos dos representantes eleitos de sindicatos, desconfiar dos gerentes de empresas e de suas idéias parece ser uma atitude natural e legítima. Portanto, quando a gerência convida os sindicatos para ajudarem a desenvolver a estratégia da companhia, é compreensível que os representantes sindicais manifestem ceticismo com relação aos motivos da empresa.

Na SAS, ainda não conseguimos convencer inteiramente os representantes sindicais de que o seu novo papel é mais atraente e capaz de maior influência que o antigo. Mas continuamos a assinalar que a sua reação apenas às decisões menores que a alta gerência já tomou não é um procedimento eficaz. Pelo contrário, se concordarem em partilhar a responsabilidade pelas decisões estratégicas mais importantes e pelo planejamento, certamente as outras decisões serão mais do seu agrado.

É importante criar desde o início um envolvimento freqüente no trabalho junto aos sindicatos e ao conselho. Se ambos compreenderem a visão conceitual da companhia, não só o relacionamento da gerência com eles será mais cooperativo como a sua participação e as suas contribuições se tornarão inestimáveis para a nova organização. Em vez de ficarem deslocados por decisões e atividades isoladas, serão capazes de enxergar o quadro completo e assumir responsabilidades ainda maiores.

Acredito de fato que a única maneira de qualquer grupo ou indivíduo assumir responsabilidades é compreendendo a situação geral.

Faz parte da minha rotina partilhar com o conselho, com os sindicatos e com os empregados o meu conhecimento sobre a posição da companhia no momento e para onde deve ser encaminhada. Para que a visão se torne realidade, é preciso que esta visão seja também a *deles*.

CAPÍTULO DEZ

Avaliando os resultados

QUANDO ASSUMI A DIREÇÃO DA SAS, uma das áreas que começamos a reavaliar foi a de nossas operações de carga. Para conseguir maior eficácia e lucratividade, as empresas aéreas comerciais costumam tentar encher as "barrigas vazias" dos aviões de passageiros com carga aérea. Assim, a divisão de carga da SAS sempre avaliara seu desempenho pelo volume de frete transportado, ou pela maneira como eram enchidas as barrigas dos aviões.

Logo percebemos que estávamos avaliando a coisa errada – um objetivo sem relação com a situação real, do tipo "sala de executivo", que nada tinha a ver com as necessidades dos nossos clientes de serviços de carga. Estes, na verdade, estavam mais interessados em *precisão*, isto é, entregas pontuais em lugares específicos. Revimos, então, a nossa estratégia e estabelecemos um novo objetivo: ser a empresa aérea com o mais alto nível de precisão.

Pensávamos que nossa precisão era muito boa; nosso pessoal de carga informava que somente uma pequena porcentagem dos embarques não chegava a tempo em seu destino. Mesmo assim, resolvemos fazer um teste. Enviamos cem pacotes para diversos endereços em toda a Europa. Os resultados foram devastadores. Os pequenos embrulhos deveriam chegar no dia seguinte; no entanto, a média foi de quatro dias mais tarde. Nossa precisão era terrível.

Estávamos cometendo um dos erros mais básicos que uma empresa orientada para serviços pode cometer: prometendo uma coisa e avaliando outra. Neste caso, estávamos prometendo entrega de carga pontual e precisa e avaliando volume ou se os pacotes e a papelada iriam separar-se durante o percurso. Na realidade, uma carga poderia chegar quatro dias depois do prometido *sem* ser registrada como atrasada. Era evidente que precisávamos começar a avaliar o nosso sucesso em função de nossas promessas.

Isto era mais decisivo do que nunca por causa da forma como tínhamos reorganizado a SAS. Uma companhia descentralizada tem muito mais necessidade de bons métodos de avaliação do que uma organização hierárquica e centralizada.

Segundo o velho método de trabalho, as normas eram elaboradas no topo e filtradas por toda a organização, geralmente através de memorandos escritos e da gerência de nível médio. A obrigação dos empregados era seguir as normas. Um gerente de engenharia ambicioso poderia deixar que os custos disparassem para que a qualidade fosse melhor, enquanto que um colega mais cauteloso optaria pela "adequação", para manter os custos sob controle.

No entanto, numa organização descentralizada, os empregados de todos os níveis devem compreender exatamente qual é a meta e qual a melhor forma de atingi-la. Uma vez que o pessoal da linha de frente – com o apoio da gerência média – tenha assumido a responsabilidade de tomar decisões específicas, é preciso que esses empregados tenham um sistema preciso de feedback para determinar se as decisões que estão tomando são, de fato, compatíveis com os objetivos básicos da companhia. Numa companhia voltada para o usuário, as avaliações são derivadas do modo como os empregados focalizam sua energia nas áreas que são vitais para aqueles que pagam: os clientes.

A necessidade de avaliar resultados é particularmente crítica para aqueles empregados que prestam serviços aos clientes através de seu trabalho mas não têm contato direto com esses clientes. Os funcionários encarregados das reservas de passagens têm feedback imediato do seu desempenho profissional centenas de vezes por dia, adquirida no contato com os clientes. Outros, porém, como os encarregados de bagagens, não desfrutam desse benefício. Na verdade, o carregar e descarregar bagagens talvez seja o trabalho mais ingrato que temos na SAS. Implica esgueirar-se por um compartimento de carga lotado para tirar as malas, jogá-las numa carreta, levá-las para as esteiras de bagagens e descarregá-las. Os carregadores de bagagens nunca entram em contato direto com os passageiros e por isso não recebem destes nenhum feedback positivo ou negativo.

Sendo assim, precisam ter metas definidas e outros meios de avaliar se estão agindo da maneira correta para atingir os objetivos propostos. No Aeroporto de Arlanda, por exemplo, temos uma excelente equipe de carregadores de bagagens. Estão plenamente conscientes de que a SAS está empenhada em satisfazer os executivos em viagens de negócios e sabem como a eficiência é importante para toda a operação da empresa.

Estabelecemos como objetivo geral que as bagagens já devem estar na esteira rolante quando os passageiros chegarem para pegá-las. Para que este sistema funcione, os carregadores precisam saber quando o objetivo foi alcançado e quando não foi. Um sistema de controle de resultados fornece esta informação. Também orienta seus superiores para as ocasiões em que devam fazer elogios e para as que pedem uma crítica construtiva.

Naturalmente, o sistema deve avaliar os indicadores certos. Na SAS, ficamos surpresos e desconcertados quando descobrimos que a nossa divisão de carga avaliava a precisão somente em função da quantidade de carga e dos papéis relativos a ela. Se as duas coisas se separassem, registrávamos um erro. Quando se tratava de um grande volume, e este chegava junto com seus papéis, registrava-se um trabalho bem-feito – não importava com quantos dias de atraso a carga chegasse. Embora o sistema de controle, que avaliava somente a rotatividade, mostrasse que o setor de carga estava sempre batendo novos recordes, o serviço evidentemente não era tão bom quanto poderia ser.

Portanto, pedimos ao nosso pessoal de carga para elaborar um novo método de avaliação. Eles criaram o sistema QualiCargo, que avalia primordialmente a precisão de nossos serviços. Com que rapidez atendemos ao telefone? Cumprimos os prazos de entrega? A carga chega realmente no avião em que foi reservada? Quanto tempo se passa desde a aterrissagem até o momento em que a carga pode ser entregue ao cliente?

Os resultados da avaliação são publicados todos os meses. Um diagrama do QualiCargo, anexo a cada relatório, compara os diversos terminais de carga uns com os outros e com suas metas. Mostra graficamente que setor teve o melhor resultado e qual teve o pior. Os setores que atingem suas metas são premiados com uma estrela e com os cumprimentos de Mats Mitsell, nosso gerente de operações. Os que não o fazem devem preparar-se para responder a algumas perguntas.

No início, fomos muito censurados por divulgar o relatório QualiCargo. Tradicionalmente, os escandinavos abstêm-se de fazer críticas aos outros em público. Algumas pessoas opinaram que os nossos empregados não reagiram bem a essas críticas. Mas isto não aconteceu. Quando começamos a utilizar esse sistema, 80% dos embarques chegavam na hora marcada. Hoje, já atingimos 92%.

O nosso pessoal está trabalhando mais do que antes? Não. A equipe de carga da SAS sempre trabalhou com intensidade e dedicação. Agora, porém, um sistema de avaliação mais exato identificou problemas anteriormente irreconhecíveis, fazendo com que a rotina fosse alterada e alguns recursos fossem deslocados.

Por exemplo, os relatórios do QualiCargo indicavam que a entrega da carga em Nova York estava levando muito mais tempo do que deveria. Tendo identificado o problema, o pessoal de carga de Nova York encontrou uma solução engenhosa: uma das paredes do terminal de carga foi literalmente derrubada para criar uma outra unidade de embarque.

Eliminaram o ponto de obstrução, e o ritmo das entregas melhorou imediatamente.

Por que ninguém pensara antes nessa solução? Porque ninguém sabia que o problema existia. Até o momento em que o Quali-Cargo determinou o período de tempo despendido na entrega da carga aos destinatários, não se sabia que o setor de Nova York era mais lento do que os outros e, provavelmente, mais lento do que o necessário. Pela primeira vez, a QualiCargo comparou Nova York com Copenhague, Estocolmo e outros setores de carga de todo o mundo. Avaliando os indicadores certos, pudemos identificar uma área problemática e encontrar uma solução para melhorar o serviço.

O progresso mais importante com relação à precisão e à rapidez não resultou, porém, de medidas visíveis como essa. Nasceu da nova conscientização do pessoal de carga a respeito do que é importante para os clientes da SAS. A nova estratégia e a nova forma de avaliação são associadas a informações financeiras, de modo que todos possam ver com clareza as conseqüências de dezenas de decisões de rotina para a economia da empresa. O efeito disso é que hoje as pessoas podem concentrar-se nas atividades que são lucrativas.

É claro que já existia uma recompensa para entregas realizadas no menor tempo possível. A diferença agora é que todas as pessoas que trabalham com carga na SAS sabem não só que a precisão é importante mas também sabem por que (porque o cliente paga para ter precisão), e sabem ainda quais são os componentes da precisão. Ficou claro que as prioridades são atender telefonemas, fazer as reservas de espaço dos embarques, recebê-los, despachá-los com sua documentação, recebê-los do outro lado, conciliar carga e documentação, prepará-la para ser entregue ao cliente e informar ao cliente quando está pronta.

Esse novo enfoque produziu efeitos significativos na maneira como a divisão de carga executa suas operações diárias. Os funcionários não esperam mais que os seus superiores indiquem o que deve ser feito. Os gerentes não perdem mais tempo programando horários de lanche ou turnos de trabalho – todos sabem quando há trabalho a fazer e quando é hora de descansar. Manter o andamento do volume de trabalho elimina as correrias desnecessárias. E, o mais importante, os empregados têm uma energia renovada e um compromisso – o compromisso de fazer as coisas andarem da maneira certa, o que agora é muito mais fácil, já que os padrões e as avaliações para o que é "certo" foram estabelecidos.

CAPÍTULO ONZE

Recompensando os empregados

NUM DIA DE DEZEMBRO DE 1982, cada um dos 20.000 empregados da SAS recebeu um pacote pelo correio. Ao abri-lo, encontraram um lindo relógio de pulso em ouro, com um dos ponteiros em forma de um pequeno avião. Além disso, havia um memorando apresentando as linhas gerais de um novo regulamento mais liberal para as viagens gratuitas de empregados (um privilégio concedido pelas empresas aéreas de todo o mundo). Junto havia também um segundo livrinho vermelho intitulado "A Luta do Século" e um convite para uma festa. Finalmente, havia uma carta minha, num bom papel pergaminho, agradecendo pelo extraordinário trabalho que haviam realizado durante aquele ano, quando a SAS saltara de seu pior período de prejuízos para o maior lucro de sua história.

O conteúdo do pacote pode não parecer tão extraordinário, mas as pessoas que o receberam ficaram encantadas. Muitas delas enviaram-me cartas de agradecimento com mensagens como esta: "Lá estava eu, um adulto, no correio com o meu pacote, tão feliz que estava quase chorando. Foi a primeira vez, em todos esses anos na SAS, que recebi um agradecimento pessoal por aquilo que fiz – e, melhor que tudo, eu senti que o tinha merecido."

Todos perceberam, é claro, que a carta era impressa e que todos os empregados da SAS haviam recebido cópias idênticas. Mesmo assim, compreenderam que se destinava a cada um pessoalmente e era uma prova de que nós, os dirigentes da empresa, tínhamos reconhecido seu esplêndido esforço individual.

Tínhamos pedido a 20.000 pessoas para, durante um ano, empenharem-se de corpo e alma para tirar a SAS da crise. Elas mereciam agora a nossa gratidão na mesma medida. Em algum momento é sempre necessário interromper o percurso para um descanso. Todos precisam ouvir que fizeram um bom trabalho. É em parte o que motiva as pessoas e as ajuda a manter o auto-respeito e o estímulo.

Nosso plano de "recompensa" tinha duas fases: um prêmio individual de reconhecimento, o relógio, seguido de um símbolo conjunto, a festa. O relógio era um presente particularmente adequado. Era não só uma expressão de nossa gratidão como harmonizava-se com a nossa tentativa bem-sucedida de ser a companhia aérea mais pontual do mundo.

A segunda fase era a festa. Pretendíamos que esse símbolo conjunto de reconhecimento sublinhasse o fato de que a SAS forma verdadeiramente um **grupo**, se bem que este grupo seja muito grande. Demos festas no mundo inteiro para manifestar isso. Quatro mil pessoas foram à festa de Estocolmo, em que pilotos, mecânicos, carregadores, comissários, aeromoças, secretárias, encarregados de vendas, técnicos de informática e todos os outros constataram que havíamos realizado algo coletivamente, não só individualmente.

As festas da SAS tiveram suas antecessoras na Linjeflyg. Lá, algo semelhante já havia acontecido: por causa do tremendo envolvimento e do entusiasmo da equipe, fomos capazes de transformar a companhia e aumentar incrivelmente os lucros.

Poderia ter sido fácil organizar a festa na Linjeflyg. No entanto, como metade dos 1.200 empregados trabalhava à noite e a outra metade trabalhava de dia, a festa só poderia ser realizada durante o período de tempo em que ninguém estava trabalhando – entre meia-noite e seis horas da manhã. Devido a esta restrição, fizemos com que a equipe voasse para o Aeroporto de Estocolmo à noite, celebramos a nossa festa num hangar e embarcamos o grupo de volta bem cedo na manhã seguinte. Um hangar pode não parecer um lugar festivo, mas todos os que estiveram lá poderão confirmar que a festa foi ótima. Na verdade foi a primeira oportunidade que os funcionários da Linjeflyg tiveram de se encontrarem todos, ao mesmo tempo.

Apesar de relógios e festas poderem acontecer uma vez por ano, o dia-a-dia dos empregados é de trabalho duro, muitas vezes com pouco ou nenhum reconhecimento. Infelizmente, em muitas companhias, a única coisa que chama a atenção são os erros. Se você faz um bom ou um mau trabalho – e mesmo se não faz nenhum –, ninguém se preocupa em comentar. Pode ser desanimador ninguém perceber que há períodos de fracassos ou de problemas. "Faz alguma diferença se o meu trabalho for malfeito? Alguém vai perceber? Para que me esforçar?"

Toda pessoa tem necessidade de sentir que sua contribuição é notada. O trabalho que fazemos e o conseqüente reconhecimento contribuem para a nossa auto-estima. Especialmente em ramos de negócios orientados para serviços em que a auto-estima e o ânimo alerta dos empregados têm um impacto enorme na satisfação do usuário, uma palavra de merecido elogio pode dar ótimos resultados.

Claro que os elogios produzem energia, mas só quando são justificados. Receber louvores imerecidos pode parecer um insulto que revela indiferença por parte de quem o faz. Na SAS, por exemplo, nós certa vez "atenciosamente" enviamos bilhetes de agradecimento a todos os empregados que tinham posto mãos à obra para minorar os efeitos de uma greve. Mas a nossa tentativa não foi administrada com cuidado e nos congratulamos até mesmo com pessoas que nada tiveram a ver com a greve. Nossas boas intenções fizeram efeito contrário ao esperado, gerando confusão e ressentimento.

É possível reforçar a cada dia o senso de auto-importância dos empregados de diversas maneiras – até mesmo por meio de seus uniformes.

Por exemplo, depois que decidimos concentrar-nos no mercado das viagens executivas, reavaliamos nosso esquema de cores e desenhos. Se tivéssemos escolhido o ramo de turismo, provavelmente teríamos vestido as comissárias com trajes coloridos e esportivos. Para a companhia aérea dos executivos, optamos por uma aparência mais sóbria, com modelos de estilo mais conservador, desenhados por Calvin Klein, em tecido azul-marinho.

Era indiscutível que o nosso esforço para ajustar a companhia ao mercado dos executivos ficaria incompleto se a aparência dos funcionários não contribuísse para a imagem. E como nosso pessoal passava todas as suas horas de trabalho uniformizado, devia ter uniformes que pudesse usar com orgulho. Assim, gastamos quatro milhões de dólares em novos uniformes para os nossos 20.000 empregados. Como os novos carrinhos para a tripulação e os cursos de treinamento em serviços que pedimos a todos que fizessem, as roupas tornaram-se um símbolo da nova SAS – uma maneira de dizer ao nosso pessoal da linha de frente: "Estamos investindo em vocês porque vocês são importantes." Essa mensagem era a prova tangível de que a nova identidade da SAS dizia respeito não só à gerência, mas refletia-se por toda a companhia, até mesmo na atitude diária e na aparência de cada empregado.

Apresentamos nossos novos uniformes com todo o alarde do lançamento das coleções de novos estilistas de costura. Com a música de fundo executada ao vivo e uma versão em ritmo moderno de *Love Is in the Air*, encenamos três amostras simultâneas do novo estilo da companhia – nos hangares da SAS em Oslo, Estocolmo e Copenhague – assistidas por nossos empregados, a imprensa e representantes do governo, inclusive os ministros dos Transportes.

Todos os modelos que desfilaram eram empregados da SAS, e até eu apareci com um paletó branco de maître no *grand finale*. Oferecemos comida e bebida para todos. E qual foi a reação das pessoas? Aplausos entusiasmados de aprovação e algumas lágrimas comovidas! Ao exibir orgulhosamente a nossa nova aparência, estávamos comunicando aos nossos empregados, aos meios de comunicação e ao público que estávamos passando por uma transformação emocionante – e que era para valer.

Numa companhia em que a pirâmide foi achatada, torna-se muito importante fortalecer a consciência da importância individual dos empregados. A antiga estrutura hierárquica dava grande ênfase ao aspecto exterior do poder, representado por escritórios, títulos e salários. "Promoção", em companhias hierarquicamente estruturadas, na maioria das vezes significa transferir pessoas talentosas de cargos importantes para posições sem real substância e aumentar seus salários. Muitos empregados de alta competência acabam por meramente passar adiante decisões tomadas pelos executivos que lhes são superiores.

Não há dúvida de que os símbolos são importantes. O exército chinês, em certa ocasião, tentou acabar com todas as formas visíveis de posição. O que surgiu no lugar das insígnias foi uma hierarquia de canetas de bolso: o número, a cor e o tamanho das canetas que as pessoas usavam indicavam o seu posto.

Creio que uma organização que recompensa seus empregados com a verdadeira satisfação no trabalho e o senso autêntico de seu próprio valor é mais honesta consigo mesma e com sua equipe. A melhor recompensa que se pode receber por um bom trabalho é merecer responsabilidades bem-definidas e confiança. Colaborar para o desenvolvimento de pessoas de talento é um dos mais sérios desafios para aqueles que dirigem uma empresa. Valer-se de promoções sem sentido para demonstrar apreço equivale a uma confissão de fracasso.

Ao mesmo tempo que demos à linha de frente novas responsabilidades na SAS, iniciamos um trabalho para mudar atitudes em relação ao que era considerado uma promoção. Numa companhia que achatou a sua pirâmide, "subir" não significa necessariamente melhorar. Eu queria que as pessoas sentissem que estavam sendo promovidas quando recebessem uma incumbência que lhes desse oportunidade de realizar algo importante, mesmo sem um título ou aqueles elementos que estão associados com os altos postos.

Acho que um empregado da linha de frente da SAS descreveria seu trabalho de uma forma que faria empalidecer gerentes e diretores de outras companhias. "Eu costumava ser responsável pelo dobro do número de pessoas, mas não tinha na verdade nenhuma influência", ele diria. "Claro, eu tinha uma sala grande, mas nunca via os funcionários ou os clientes. Agora estarei onde sou necessário, onde possa realmente fazer algo de bom."

Em poucas palavras, a mais preciosa das recompensas é o sentimento de orgulho pelo próprio trabalho. Lembro-me como aqueles que respeito franziram o cenho quando assumi meu primeiro cargo na Vingresor, logo depois de formado pela Escola de Economia de Estocolmo. Um dos meus mais estimados professores protestou dizendo que eu estaria desperdiçando o meu tempo num tipo de negócio duvidoso. Meu pai ficou contente por poder lembrar-me que meu primo, que começara a trabalhar como contador numa firma de comércio de automóveis, estava bem estabelecido numa profissão respeitável.

Durante certo tempo, ambos continuaram a expressar sua desaprovação com respeito à minha escolha de carreira. Meu professor informava-me regularmente sobre outras oportunidades de trabalho. Meu pai deixou claro que eu estava perdendo tempo com um emprego sem futuro. Sucumbindo à pressão, candidatei-me a uma colocação de chefe de seção no recentemente inaugurado Instituto Sueco de Classificação Informativa, uma fria posição burocrática que não combinava nem um pouco com meu estilo.

Felizmente, não consegui o emprego. De volta ao meu escritório na Vingresor, eu tinha cada vez menos certeza do que queria. Então, um dia, um cliente telefonou para perguntar onde estaria trabalhando um certo guia de excursões durante a próxima estação. Eu lhe disse que o guia estaria acompanhando excursões de ônibus nas proximidades do lago Boden, na fronteira suíço-alemã.

"Oh, é uma pena", disse o cliente. "Já fizemos essa viagem várias vezes e gostaríamos de experimentar alguma coisa diferente. Sabe, Sr. Carlzon, há dez anos, minha mulher e eu fomos ao Egito, e esse rapaz era o guia da excursão. E ele nos proporcionou os 14 melhores dias de nossas vidas! Desde então, sempre procuramos escolher as viagens em que ele será o guia."

Nesse momento, um pensamento surgiu na minha mente: se eu tenho um emprego que me permite ajudar as pessoas a terem as melhores semanas de suas vidas, nenhum professor do mundo pode dizer que o mérito do meu tipo de trabalho é duvidoso. E meu pai também não precisa se preocupar com o valor do cargo que ocupo.

Se aquele homem não me tivesse contado a sua história, eu poderia ter deixado a Vingresor sentindo-me derrotado. Ele restaurou a minha auto-estima e o senso do valor do meu trabalho. Também fez com que eu pensasse em reavaliar meus critérios a respeito de ter sucesso na vida.

Alguns anos mais tarde, recebi a maior recompensa que jamais tivera em vinte anos de trabalho.

A Vingresor havia promovido intensamente os serviços ligados a crianças. "Tomaremos conta de suas crianças enquanto vocês passeiam pela cidade", era o que anunciávamos. Para resolver o que fazer com as crianças, reunimo-nos com guias de excursões, professores de pré-escolar e outras pessoas com conhecimentos ligados a crianças. Partimos do princípio de que crianças são pessoas que também têm necessidades – e idéias próprias a respeito do que são férias agradáveis.

Sabendo como as crianças gostam de ter segredos, organizamos um clube completo, com senhas e carteirinhas de sócio. Os que não soubessem assinar seus nomes poderiam marcar o cartão com a impressão do polegar. Camisetas especiais e chapéus teriam impressa a palavra "Miniclube" em letras grandes. O clube teria até sua própria canção: "Aí vem o Miniclube".

A idéia era tão boa que decidimos que o tema de nossa campanha publicitária deveria ser férias para *crianças*, e não para seus pais. Assim, viramos o conceito ao contrário e anunciamos: "Não é mais problema levar Papai e Mamãe para as férias."

Numa manhã, na ilha de Maiorca, ao largo da costa leste da Espanha, acordei com o som de um canto lá fora. Quem estaria cantando de manhã tão cedo? As vozes foram ficando mais altas, e espiei pela veneziana para ver quem era. Então consegui vê-las: trinta crianças suecas bronzeadas, usando camisetas e chapéus, marchavam alegremente pela rua e cantavam "Aí vem o Miniclube"! Acreditem, nenhum pagamento ou gratificação, nenhum escritório luxuoso ou privilégio de executivo foi em tempo algum uma recompensa tão maravilhosa como aquela!

Todos nós precisamos de recompensas e, além disso, trabalhamos melhor quando podemos ter orgulho daquilo que estamos fazendo. É claro que as pessoas competentes são bem pagas por sua colaboração, mas receber responsabilidades definidas, confiança e interesse ativo dos outros é uma recompensa muito mais satisfatória e pessoal. Acredito que aqueles que ocupam cargos de liderança podem aumentar o amor-próprio de seus empregados ao compreender o que estes esperam de seu trabalho, quais são seus objetivos e como querem progredir. E a força poderosa que está por trás de uma saudável auto-estima produzirá a confiança e a criatividade necessárias para enfrentar os novos desafios que surgem constantemente durante o percurso.

CAPÍTULO DOZE

A segunda onda

POR VOLTA DE 1984 o mundo exterior deve ter pensado que a SAS atingira seus objetivos e podia merecidamente respirar aliviada. Os passageiros estavam respondendo positivamente à melhoria de nossos serviços. Nossas finanças tinham se recuperado muito mais rápido do que qualquer um de nós ousaria esperar. E a *Air Transport World* tinha acabado de conceder à SAS o título de "Companhia Aérea do Ano". Conseguíramos tudo aquilo a que nos tínhamos proposto.

Apesar disso, 1984 foi um ano de agonia para mim. Eu estava aprendendo depressa uma outra lição a respeito de dirigir uma empresa: quando você atinge o alvo, corre o risco de se tornar prisioneiro do sucesso. Como observou Roald Sokilde, nosso gerente operacional dinamarquês, é mais difícil conquistar a paz do que ganhar a guerra.

Durante os meus primeiros anos na SAS, a companhia inteira estava unida por um só objetivo lógico que todos podiam apoiar. "Precisamos ter lucros! Não queremos ter lucros comprando, vendendo ou investindo em aviões! Precisamos ter lucros sendo uma empresa orientada para serviços, que ganha seu dinheiro sendo a primeira em serviços!" Entre 1981 e 1984, as nossas forças foram todas alinhadas, e cada uma das pessoas estava lutando para superar suas marcas anteriores.

Agora, chegáramos aonde queríamos – antes de refletir sobre o que faríamos em seguida.

A falta de novos objetivos estava produzindo alguns resultados negativos. O clima de união estava se desgastando. O propósito de nosso trabalho começou a ser questionado com freqüência. E a energia recém-descoberta de nossos empregados começou a enveredar por caminhos mais estreitos e pessoais. Com a SAS outra vez tão lucrativa, vários grupos de empregados tinham idéias diferentes sobre como esses lucros deveriam ser utilizados. Um grupo, por exemplo, insistia na compra de novos aviões. Outro achava que já estava na hora de a SAS pagar salários maiores aos seus funcionários.

Esses interesses começaram a competir uns com os outros. A princípio, parecia que a alta gerência pouco poderia fazer para conter esse processo deteriorante. Abríramos mão claramente das condições de controle que são em geral usadas para colocar os empregados na linha. Não podíamos dar ordens e instruções para recuperar uma força exagerada. E, o que era pior, estávamos plenamente conscientes de que a SAS ainda não estava imune a perigos. A crise imediata havia passado, mas precisávamos dobrar os lucros para sobreviver a longo prazo. Buscávamos um objetivo novo e tangível que cada indivíduo na SAS pudesse abraçar.

Olhando para trás, percebi que, em 1980, deveríamos ter estabelecido um objetivo máximo, de longo prazo, e considerado a lucratividade imediata como um objetivo menor. Seria muito mais eficaz se tivéssemos dito aos nossos empregados em 1984: "Estávamos aqui em 1980 e hoje estamos neste outro ponto. Obrigado por tudo que vocês fizeram para chegarmos até aqui. Agora vamos continuar até o nosso próximo objetivo, que está lá adiante."

Ao invés disso, acabamos por ficar na defensiva.

Ficamos na linha de fogo dos pilotos, por exemplo, por não comprarmos novos aviões. "Nós achamos que todas aquelas idéias que vocês tiveram em 1981 eram sensacionais e deram à companhia uma nova noção de vitalidade", diziam. "Mas, agora, parece que as idéias secaram e ficamos com aviões antiquados, enquanto as outras companhias estão comprando novos aviões."

Obviamente, não tínhamos conseguido transmitir aos nossos pilotos a nossa intenção de conduzir a companhia para uma direção inteiramente nova, longe da mentalidade orientada para o produto. Por isso não entendiam que uma das partes mais importantes de nossa estratégia era manter os aviões antigos.

O mal-entendido foi, em grande parte, culpa minha. Minhas próprias declarações tinham provocado alguns ressentimentos. "Nunca compraremos aviões novos somente para que os nossos pilotos tenham cabines novas onde se sentar", eu dissera em 1981. "Nunca compraremos aviões novos somente para dar aos nossos mecânicos algo diferente em que mexer. Só compraremos novos aviões quando isso contribuir para aumentar nosso prestígio junto aos viajantes executivos e tornar-nos mais competitivos."

Essa foi minha maneira de explicar que éramos agora uma companhia orientada para o mercado, visando à competitividade e não à tecnologia. Mas os pilotos e os mecânicos interpretaram minhas palavras de outra maneira e, retrospectivamente, era fácil entender o motivo.

"Será que ele pensa que queremos novos aviões só para brincar?", comentavam entre si os pilotos. "É só a vontade dos passageiros que conta?" De modo semelhante, os mecânicos perguntavam: "Ele disse que nós *mexemos* com os aviões? Será que ele não percebe que somos profissionais?"

Evidentemente, esses empregados tinham alimentado suas preocupações o tempo todo. Porém, durante a corrida inicial para o sucesso, elas tinham sido postas de lado. Agora, com o objetivo alcançado e as pessoas procurando novas formas de liberar suas energias, problemas assim vinham à tona e criavam uma lacuna entre a direção e os empregados.

Um exemplo foi a discussão que surgiu sobre "segurança", uma questão altamente emocional. Quando fizemos a transição do enfoque da companhia para o mercado, em vez do produto, promovemos a orientação para serviços com tanto vigor que negligenciamos um pouco o lado técnico e operacional. Eu mesmo fui o responsável por esta falta.

Cometi o erro imperdoável de supor. Supus que todos compreendessem que segurança e qualidade técnica eram axiomas, algo que nunca poderia ser questionado. Quando falava sobre serviços, queria dizer *todos* os serviços, aquilo pelo qual o cliente paga e recebe, e cujo ingrediente primordial é a segurança.

Mas muitos empregados não compreenderam. Eles pensaram que serviço era o que se faz a bordo, ou do outro lado do balcão de check-in. Nunca foi nossa intenção pedir aos pilotos que pusessem a pontualidade, por exemplo, antes da segurança.

A controvérsia começou dentro da companhia, mas foi intensificada quando importantes jornais suecos receberam telefonemas anônimos de funcionários da SAS insatisfeitos, ansiosos em "divulgar" as falhas de segurança.

Tendo de assumir uma posição defensiva, estabelecemos comitês de segurança. Contratamos consultores estrangeiros para examinar toda a operação e emitir relatórios comparando-nos com outras companhias internacionais. Fomos ao encontro dos jornais mais agressivamente barulhentos para justificar com provas os nossos ótimos antecedentes de segurança. Para quem estava de fora, a nossa defesa firme pode ter sugerido uma admissão indireta de que alguma coisa não estava certa. Na verdade, a nossa segurança de vôo nunca foi posta em risco. Junto com os australianos, os escandinavos têm os melhores antecedentes de segurança do mundo.

Pouco tempo depois, outros funcionários da empresa apresentaram solicitações de novos salários. As tripulações suecas sentiam-se lesadas em comparação com seus colegas de outros países escandinavos. O corpo de funcionários dos setores escandinavos pressionava para que houvesse uma revisão em todo o sistema de salários.

Mais uma vez, a gerência começou a recuar.

Naquela época, toda vez que nos reuníamos com grandes grupos de funcionários, as sessões acabavam com a apresentação de exigências de mais viagens gratuitas, melhor coordenação de horário de refeições para as tripulações, reforma do planejamento do sistema de férias, e assim por diante. A cada um destes pontos, nós simplesmente respondíamos: "Claro, faremos isto" ou "Vamos examinar a questão". Mas sabíamos que dificilmente conseguiríamos satisfazer o que se tornara uma lista infindável de solicitações.

Depois de um desses encontros, um dos meus amigos mais próximos e meu colega aproximou-se de mim, dizendo: "Jan, isto não pode continuar. Temos de começar a fazer as nossas exigências de novo."

É claro que, de repente, percebi. Era isso! Presos por nosso empenho em manter o excelente espírito que havíamos desenvolvido na SAS, recuamos diante dos ultimatos que eram lançados sobre nós, em vez de contra-atacar com os nossas próprias demandas.

Ao determinar o objetivo original, tínhamos feito uma exigência aos nossos empregados. Agora, que não havia mais objetivo, uma espécie de reversão tinha se configurado. Havíamos liberado uma nova energia, uma nova motivação; com a meta alcançada e a motivação ainda lá, as pessoas começaram a estabelecer seus próprios objetivos, dispersando-se em todas as direções e fazendo diferentes solicitações à companhia. Era uma ilustração vívida de como é necessário que a alta gerência direcione todas as forças para um objetivo comum.

Na reunião geral seguinte, fomos mais uma vez inundados de pedidos. Desta vez, fiz uma sugestão: "Vamos fazer uma lista de seus problemas com a SAS."

A lista ficou repleta das mesmas antigas reclamações. "Então, vocês estão contentes com o resto?", perguntei. "Ótimo. Isto quer dizer que 95% das coisas na SAS vão muito bem. Agora cuidaremos dos 5% que restam, que prometemos consertar num determinado prazo. As pessoas encarregadas de resolver cada problema prestarão contas a vocês e não a mim."

Então passei para algo diferente: "Como já abordamos os problemas específicos que vocês apresentaram, queremos que saibam que nós, por nossa vez, vamos fazer algumas exigências específicas." E manifestei minhas expectativas sobre a companhia em geral e sobre o pessoal da linha de frente em particular: fornecer mais serviços com menos custo e cortar despesas que não trouxessem mais receita. Além de tudo, reafirmei o nosso compromisso de ser a empresa aérea do executivo a negócios. Confesso que essas "exigências" não eram novidade – constituíam a essência de nossa companhia dirigida para o usuário –, mas lembrei aos nossos empregados de forma incisiva qual era a nossa responsabilidade principal: servir aos clientes que pagam.

Não sei realmente que tipo de reação eu estava esperando, mas o que recebi foram aplausos. Depois, pelo menos dez pessoas vieram me dizer a mesma coisa: "Você fez com que acordássemos! Estamos na verdade muito bem aqui, e é claro que cabe a nós arregaçar as mangas e ajudar. Enquanto você cuidar de nossas necessidades, deixe o resto conosco, vamos fazer sair faíscas disto aqui!"

Finalmente, voltáramos à ofensiva, e o efeito no moral dos empregados foi imediato. Parte disto, claro, era de origem psicológica. Todos querem desafios. Quando prometemos atender aos pedidos dos empregados e os desafiamos a galgar um novo nível de serviços, o respeito mútuo foi restaurado.

Mas a tarefa ainda não estava completa. Precisávamos de um novo objetivo amplo que nos permitisse concentrar todas as nossas forças mais uma vez numa só direção.

Dei tratos à bola para encontrar um objetivo que engajasse todo o mundo da SAS. Perguntava a todos que encontrava na companhia: "Existe alguma coisa que desperte o interesse de cada empregado na SAS? Sobre que assunto pensam as pessoas enquanto estão trabalhando? O que as preocupa? Onde é que enfrentamos uma ameaça comum?"

Uma preocupação manifestou-se repetidas vezes. Durante anos, a SAS e as outras companhias européias haviam operado num meio altamente regulamentado, que nos protegera da competição acirrada que se desenvolvera nos Estados Unidos depois que sua indústria aérea fora desregulamentada. E se a desregulamentação chegasse à Europa? O que aconteceria com a nossa aconchegante posição no mercado se, de um momento para outro, nossos concorrentes fossem autorizados a perseguir desenfreadamente os nossos usuários?

Esta era uma ameaça palpável que poderia afetar todos os empregados da SAS. Seria possível transformarmos isto num objetivo novo, positivo, em torno do qual pudéssemos unir os recursos da companhia?

Lembrei-me do que acontecera quando a indústria bancária americana fora desregulamentada. Uma única companhia previra o que vinha pela frente. A cada mês, durante cinco anos, os seus dirigentes haviam convocado diferentes membros da empresa e perguntado: "Quais seriam as conseqüências se nos defrontássemos com a livre competição? O que aconteceria em sua área? Que novas condições a afetariam?" No dia em que a desregulamentação passou a ser lei, aquela companhia estava preparada. Sabia onde estavam as novas oportunidades, tomou conta delas e imediatamente ganhou uma enorme dianteira sobre seus concorrentes sem visão.

Eu havia observado a mesma cadeia de acontecimentos no negócio de companhias aéreas americano. As duas companhias mais bem preparadas para a livre competição eram a American Airlines e a United Airlines. Para as que não se tinham antecipado, a desregulamentação tornou-se um inferno competitivo. Para aquelas duas, foi como se tivesse surgido uma nova oportunidade.

Será que a preparação para uma competição mais livre poderia ser o núcleo de uma nova estratégia na SAS? Conseguiríamos capitalizar o sentimento que já existia na companhia? Seria possível formular um objetivo que agiria construtivamente contra essa apreensão? Poderíamos estabelecer o objetivo de fazer nossa companhia evoluir não somente para sobreviver, mas também para se expandir e se distinguir num mundo de concorrência livre?

Imediatamente pareceu-me ser este o ponto certo. Não tínhamos inventado um objetivo. Este fora desenvolvido a partir de uma preocupação que sempre existira.

Tendo identificado nosso objetivo, partimos para o planejamento de novas estratégias. Em primeiro lugar, estudamos os resultados da desregulamentação americana, para visualizar a situação geral. O novo ambiente de negócios inevitavelmente aperta a receita. Os concorrentes baixam seus preços; vários estreantes entram em cena. As companhias precisam lutar para manter suas posições, e os rendimentos não fluem mais de modo automático.

Não é coincidência o fato de as empresas aéreas americanas hoje serem mais eficientes do que eram antes dessa mudança (reduziram seus custos em aproximadamente 25%). Nem é coincidência também o fato de serem mais eficientes do que nós, os europeus. Para sobreviver num ambiente de negócios em que fatias do mercado e receita não são mais garantidas, é preciso que a companhia seja capaz de reduzir seus custos.

Se concentrássemos nossa nova companhia no aumento da eficiência, correríamos o risco de acabar tendo o mesmo resultado de 1984. Talvez funcionasse durante um ano, mas surgiriam mais uma vez outras preocupações, tais como segurança ou padrões técnicos. Na pior das hipóteses, uma companhia excessivamente zelosa poderia prejudicar a qualidade do serviço, e isto seria fatal. Depois de criar uma organização vigorosa e lucrativa baseada em serviços de alta qualidade para clientes executivos, não poderíamos destruir tudo isso em nome da eficiência. Também não era possível nos expormos à acusação de estarmos sacrificando a eficiência. A eficiência tinha de fazer parte de uma estratégia mais ampla. Mas qual?

Neste ponto, voltamo-nos para a impressionante história de desafios que a SAS enfrentara através dos tempos. Quando a indústria das empresas aéreas comerciais estava crescendo, durante os anos 1950, a SAS ocupava uma posição de liderança em desenvolvimentos operacionais – avanços importantes em navegação, técnicas aprimoradas de vôo sob condições desfavoráveis, crescente segurança durante a decolagem e a aterrissagem, rotas pioneiras através de regiões polares, etc. Tudo isso funcionava como uma força propulsora para o negócio.

Durante as décadas de 1960 e 1970, a SAS estava à frente no que se referia aos avanços tecnológicos das próprias aeronaves, o que naquela época era considerado primordial. A SAS foi a primeira empresa aérea a voar com o Caravelle, o jato francês com dois motores na cauda, e participou ativamente do desenvolvimento do DC-9, que se tornou o nosso carro-chefe.

Os anos 1980 introduziram uma nova situação de mercado, com grande ênfase na competição. Desta vez, a tecnologia passou para segundo plano, cedendo a primazia para os serviços e para o enfoque no usuário. Chegamos mais uma vez na frente e fomos eleitos "A Empresa Aérea do Ano" em 1983.

Em resumo, cada década tivera características peculiares de competitividade, e a SAS infalivelmente assumira a liderança em cada uma delas. O projeto para o futuro deveria abranger não só o aumento da eficiência num período de curto prazo como ainda o fortalecimento das três áreas vitais – operações, aeronaves e serviços – que haviam feito da SAS uma grande empresa aérea.

Assim, decidimo-nos por esta estratégia: a SAS trabalharia com eficiência e habilidade para sobreviver num mercado de livre concorrência. Manteríamos o nosso compromisso inflexível com a qualidade das áreas vitais. Esta base sólida seria o apoio firme para o impulso de nossa eficiência, e estaríamos preparados para enfrentar com confiança a livre competição do mercado.

Em termos concretos, qual é o significado disso? Nossa estratégia fundamental – servir ao executivo em viagens de negócios – não mudará. Em acréscimo a este objetivo, teríamos de atacar três novas áreas de desenvolvimento.

Em primeiro lugar, vivendo numa era de livre concorrência, precisaríamos nos tornar no mínimo 25% mais eficientes, como fizeram as empresas aéreas americanas bem-sucedidas. Não atingiríamos esse objetivo através de cortes indiscriminados de custos.

Em vez disso, os custos seriam um recurso para melhorarmos a lucratividade global, como fizemos em 1981. Cortando alguns custos e usando outros de modo mais eficaz para aumentar a receita, a idéia era "fazer mais com menos".

Em segundo lugar, precisaríamos estabelecer um sistema de comunicações, informações e reservas que nos permitisse controlar com firmeza o nosso mercado interno. A United e a American já tinham instalado seus próprios sistemas de reservas e informações, em parte para manter suas atuais posições de liderança e em parte para penetrar em novos mercados, inclusive naquele em que a SAS passou a ter força. Teríamos que optar entre fazer o mesmo ou ser obrigados a adquirir nossos serviços de informações e reservas de uma fonte externa – talvez até de um concorrente como a United ou a American.

Em terceiro lugar, era preciso desenvolver um sistema mais competitivo de rotas, freqüência de vôos e horários de partidas. Em parte, isto faria com que fosse necessário seguir o tão falado exemplo das companhias americanas. O que, por sua vez, exigiria maior atenção para o Aeroporto de Copenhague. Copenhague é o nosso aeroporto de entrada, o nosso equivalente de Londres, Paris ou Frankfurt. As pessoas sempre consideraram o Aeroporto de Copenhague menos atraente que os outros, e mudar esta opinião nos faria prosperar. Com esta finalidade, a SAS e as autoridades dinamarquesas destinaram um orçamento de 800 milhões para obras de expansão e renovação do aeroporto.

O objetivo final: na próxima década, a SAS será a empresa aérea mais eficiente da Europa. Teremos uma rede competitiva de rotas espalhadas por todo o mundo. Seremos os líderes do mercado em qualidade e segurança. Seremos capazes de competir de forma lucrativa em todas as distâncias e com todos os tamanhos de avião. Até lá, teremos o vigor financeiro necessário para modernizar a nossa frota, e o "Avião 3P" será provavelmente uma realidade. Teremos transformado a ameaça de uma possível desregulamentação numa oportunidade de assegurar uma posição ainda melhor no mercado.

Na SAS, chamamos a isso de "a segunda onda". Diferente da primeira num aspecto essencial: estamos tentando ser mais pacientes. Da primeira vez, nós aquecemos o sistema inteiro e entramos em contato direto com a linha de frente e com o mercado para promover as estratégias. À beira do desastre, não tínhamos outra alternativa. Desta vez temos um pouco mais de tempo para apresentar o nosso plano e nos certificarmos de que todos os empregados o aceitam e compreendem suas implicações em suas responsabilidades individuais.

As evidências anteriores dizem que ainda estamos no caminho estratégico certo. O jornal dinamarquês *Boersen* classificou-nos em primeiro lugar como a empresa de melhor imagem. Além disso, a *Air Transport Word* anunciou que escolheu o serviço de passageiros da SAS como o melhor em 1986. Com a intenção de dividir este prêmio com os nossos empregados – foram eles que na realidade o ganharam –, presenteamos todos eles com um coração de ouro maciço. Um símbolo pequeno mas tangível de que cada indivíduo está no coração de nosso sucesso.

Algumas pessoas pensam que o futuro da SAS depende da compra de Boeings 737 em vez de DC-9, ou da aquisição de equipamentos de computação IBM ou Hewlett Packard. Mas o futuro da SAS depende basicamente das pessoas. A continuidade de nosso sucesso exige o apoio total de nossos padrões tradicionalmente altos por parte de todos os membros da nossa empresa e de sua disposição em atingir as nossas metas de eficiência. Esta é a razão por que estamos investindo dez milhões de dólares para informar e treinar todos os funcionários da SAS patrocinando um programa de círculos de estudo, grupos e debates.

Muita gente apressou-se em dizer que a livre competição nunca atingirá a indústria aérea européia. "Você está dando alarme falso", acusaram-me, "e isto é o mesmo que manipular seus empregados."

Respondo com o seguinte argumento: se a competição for mantida mais ou menos no mesmo nível em que está hoje, será possível lidar com ela sem precisar fazer nada de especial. Mas, se aumentarmos nossa eficiência, seremos ainda mais fortes no futuro.

Se a competição for liberada de forma limitada e não estivermos preparados, poderemos vir a ter dificuldades. Mas, se tomarmos providências agora, não participaremos mais tarde do arriscado jogo do improviso.

Se a competição for completamente liberada, certamente teremos dificuldades se não formos precavidos. Enfrentaremos crises, pânico, retrocesso, dispensa de empregados ou até coisas piores. Contudo, se estivermos preparados, existem grandes probabilidades de que nos sairemos bem.

Além de tudo, se a SAS for mais eficiente do que qualquer outra companhia, não haverá motivo para que as autoridades do governo liberem o mercado.

É certo que ninguém sabe se algum dia realmente enfrentaremos a livre competição. Mas a conclusão é muito simples: se nos preparamos hoje para competir duramente amanhã, só temos a ganhar. Não se deve confiar somente na sorte. Quaisquer que sejam as circunstâncias, nosso futuro estará sob controle.

Os objetivos mais amplos ajudam-nos a enxergar além de nossas tarefas diárias. As pessoas apreciam os desafios em suas carreiras e em suas vidas. Estabelecendo objetivos, como fizemos na SAS, podemos contribuir para o bem-estar de nossos empregados e, ao mesmo tempo, servir aos nossos usuários cada vez melhor.

Não temos a pretensão de ter descoberto uma abordagem original para a maneira de fazer negócios. Muitos outros dirigentes de empresas têm consciência da importância de se determinar o clima de negócios e fazer com que os objetivos, a estratégia e a estrutura organizacional da companhia estejam de acordo com ele. Eles também estabelecem objetivos audaciosos e falam de descentralização como um meio de atingi-los.

Na verdade, muitos acreditam que já descentralizaram suas organizações e dizem aos seus empregados: "Agora vocês podem tomar decisões independentes." Eu perguntaria a esses líderes se estão delegando responsabilidades e autoridade reais a seus empregados. Enquanto não o fizerem e enquanto não escolherem e transmitirem a idéia de um objetivo que seja capaz de congregar todos os *empregados*, esses dirigentes nunca estarão de fato afastados do controle central, e os empregados sempre precisarão da intervenção do chefe em assuntos pequenos ou grandes. Não saberão o que é certo ou errado porque não estarão familiarizados com o objetivo ou com a estratégia planejada para alcançá-lo. Delegar sem dar às pessoas os pré-requisitos para decidir de forma independente não leva a nada.

Dar aos empregados responsabilidade e autoridade genuínas requer uma estrutura organizacional radicalmente diferente. O modelo é horizontal, e os papéis têm de ser definidos.

O primeiro nível é responsável pelo trabalho de guiar a companhia para o futuro, prevendo as ameaças aos negócios em curso e sondando novas oportunidades. As pessoas que estão nesse nível determinam objetivos e desenvolvem estratégias para atingi-los. Isto implica evidentemente tomar decisões, mas não as que têm relação com ações específicas.

O nível seguinte é responsável pelo planejamento e pela alocação dos recursos disponíveis, investindo dinheiro ou recrutando pessoal – em outras palavras, fazendo tudo que é necessário para que as pessoas situadas no nível operacional estejam habilitadas para pôr em prática as estratégias que a alta gerência estabeleceu. Mais uma vez, não se trata de decidir sobre ações específicas. Neste nível, criam-se os pré-requisitos para que outros tomem as decisões.

O terceiro nível é o que chamo de linha de frente, ou de operações. É aqui que todas as decisões devem ser tomadas – todas as decisões necessárias para que a companhia caminhe de acordo com os objetivos e estratégias da alta gerência.

Vocês podem achar que as observações que apresentei aqui são óbvias e bem conhecidas. Por que é tão fácil falar de descentralização? Porque a linha de raciocínio é tão lógica! É o usuário, e somente ele, quem pagará por nossos custos e nos proporcionará lucros. Portanto, todo o planejamento dos negócios tem de ser conduzido em função do ponto de vista do usuário. Quem conhece melhor o que o usuário quer? São, é claro, aqueles que trabalham na linha de frente, mais próximos ao mercado. Conseqüentemente, são essas as pessoas que devem exercer a influência máxima sobre a maneira como formulamos nossos produtos, e a elas deve caber a maior parte da responsabilidade e da autoridade.

Muitos concordam que essa filosofia contém um potencial muito grande. Por que tão poucos tentam de fato implementá-la? Na verdade, esta é uma abordagem muito ambiciosa, às vezes de difícil compreensão, que está em conflito com as noções arraigadas que muita gente tem dos papéis desempenhados pelas pessoas nas empresas. É preciso ter paciência, perseverança e coragem extraordinárias para levá-la a cabo. Felizmente, a linha de frente e o próprio mercado são guias confiáveis para manter-nos no rumo.

Na SAS, temos trabalhado com muita diligência para achatar nossa pirâmide e manter a fidelidade aos nossos objetivos. Os resultados – muito mais do que somente financeiros – têm sido fantásticos, e continuamos a preparar um futuro ainda melhor.

O executivo que compartilha de minhas opiniões sobre recursos humanos entenderá que precisa dar a todos os seus empregados a oportunidade de compreender a visão que orienta a companhia. Só assim eles podem realmente arregaçar as mangas e dar tudo de si. Só assim cada um deles pode assumir total responsabilidade por sua parte do objetivo principal. Só então será possível desencadear a poderosa energia que um grupo de pessoas entusiasmadas é capaz de gerar.

Não há melhor maneira de ilustrar minha experiência do que contando a história dos dois cortadores de pedras que talhavam blocos quadrados de granito. Alguém que passava perguntou-lhes o que estavam fazendo.

O primeiro operário, com uma expressão amarga, resmungou: "Estou cortando esta maldita pedra para fazer um bloco."

O segundo, que parecia feliz com o seu trabalho, replicou orgulhosamente: "Faço parte do grupo que está construindo uma catedral."

O trabalhador que pode vislumbrar toda a catedral e que recebeu responsabilidade de participar de sua construção é uma pessoa muito mais satisfeita e produtiva do que aquela que vê somente o granito diante de si. O líder verdadeiro é o que faz o projeto da catedral e em seguida compartilha com os outros da visão que os inspira a construí-la.

Sobre o autor

JAN CARLZON nasceu em Nykoping, na Suécia, em 1941. Depois de obter o seu M.B.A na Escola de Economia de Estocolmo em 1967, foi trabalhar na Vingresor, a maior operadora de turismo da Suécia, primeiro como gerente de produto e mais tarde como chefe do departamento de marketing. Em 1974, quando o setor de pacotes de turismo estava em dificuldades por causa da primeira crise de combustível, foi nomeado diretor-executivo da Vingresor e em pouco tempo inverteu a situação de declínio econômico da companhia. Tinha então apenas 32 anos. Em 1978 tornou-se diretor-executivo da Linjeflyg, a maior empresa aérea doméstica da Suécia, e em 1981 assumiu o comando como presidente e principal executivo (CEO) da SAS, o consórcio das empresas aéreas nacionais da Dinamarca, Noruega e Suécia. Tanto na Linjeflyg quanto na SAS, sua liderança transformou, em um ano, pesados prejuízos econômicos em sólidos lucros. Ele é freqüentemente convidado para dar palestras e entrevistas em várias partes do mundo sobre liderança e estratégias de negócios orientadas para o usuário.

Conheça outros títulos da Editora Sextante

O monge e o executivo
James C. Hunter

Você está convidado a juntar-se a um grupo que, durante uma semana, vai estudar com um dos maiores especialistas em liderança dos Estados Unidos.

Leonard Hoffman, um famoso empresário que abandonou sua brilhante carreira para se tornar monge em um mosteiro beneditino, é o personagem central desta envolvente história criada por James C. Hunter para ensinar de forma clara e agradável os princípios fundamentais dos verdadeiros líderes.

Se você tem dificuldade em fazer com que sua equipe dê o melhor de si no trabalho e gostaria de se relacionar melhor com sua família e seus amigos, vai encontrar nesse livro personagens, idéias e discussões que vão abrir um novo horizonte em sua forma de lidar com os outros. É impossível ler esse livro sem sair transformado. *O monge e o executivo* é, sobretudo, uma lição sobre como se tornar uma pessoa melhor.

Como se tornar um líder servidor
James C. Hunter

Esse livro de James C. Hunter tem dois objetivos: o primeiro é compilar de maneira simples, concisa e clara os princípios da liderança servidora apresentados em seu livro anterior. O segundo é proporcionar um guia que facilite a aplicação desses princípios na vida e no trabalho.

O autor acredita que liderar não é ser "chefe". Liderar é servir. Embora "servir" tenha uma conotação de fraqueza para alguns, a liderança servidora pode ter um impacto positivo em nosso desempenho como pais, treinadores, cônjuges, professores, pastores ou gerentes – afinal, todos querem se tornar os líderes que as pessoas precisam e merecem.

ATENDIMENTO NOTA 10
Performance Research Associates

Prestar um Atendimento Nota 10 é criar uma experiência inesquecível para o cliente. É suprir expectativas e satisfazer necessidades, descobrindo oportunidades de surpreender e cativar. E assim fazer com que ele volte sempre.

Com uma linguagem e ilustrações simples e bem-humoradas, *Atendimento Nota 10* aborda os mais importantes aspectos envolvidos em um serviço de alta qualidade. Aqui você encontrará variadas estratégias, técnicas e dicas para prestar o melhor atendimento – pessoalmente, pela internet e pelo telefone.

COMO ENCANTAR SEUS CLIENTES
Bob Miglani

O atendimento ao cliente é a base de todo negócio bem-sucedido.

Nesse livro, Bob Miglani, hoje um importante executivo de uma das maiores empresas dos Estados Unidos, revela os princípios de atendimento e vendas que aprendeu atrás do balcão da sorveteria de sua família.

Bob aborda os pontos essenciais de um atendimento nota 10, compartilhando técnicas de fácil aplicação para lidar com clientes difíceis, aumentar o valor das vendas, diminuir o estresse, motivar a equipe e fazer com que os fregueses voltem sempre.

Faça o que tem de ser feito
Bob Nelson

A mensagem desse livro é simples mas poderosa: fazer o que precisa ser feito, e não apenas o que lhe pedem, é a marca registrada da excelência profissional. Esta é a postura que devemos adotar para crescer e nos realizarmos profissionalmente.

Com exemplos claros e concretos, ele vai mostrar as diversas iniciativas que você pode tomar para ser reconhecido como alguém que "faz as coisas acontecerem". A recompensa chegará antes do que você imagina.

Por que os clientes não fazem o que você espera?
Ferdinand Fournies

O modo como você conduz um encontro com um cliente é fundamental para definir o sucesso de uma venda, mas o verdadeiro poder está nas mãos dele. A reação do cliente à sua abordagem é o que, de fato, determina se a negociação vai ser bem-sucedida ou não.

O desafio é enxergar as visitas de vendas com os olhos do cliente e fazer com que ele reaja da forma que você deseja – ou seja, fechando a compra o mais rapidamente possível.

Por que os clientes não fazem o que você espera? deixa de lado truques e receitas pré-fabricadas e mostra ações específicas para melhorar significativamente suas vendas e seus resultados.

CONHEÇA OUTROS TÍTULOS DA EDITORA SEXTANTE

1.000 lugares para conhecer antes de morrer, de Patricia Schultz

A História – A Bíblia contada como uma só história do começo ao fim, de The Zondervan Corporation

A última grande lição, de Mitch Albom

Conversando com os espíritos e *Espíritos entre nós*, de James Van Praagh

Desvendando os segredos da linguagem corporal e *Por que os homens fazem sexo e as mulheres fazem amor?*, de Allan e Barbara Pease

Enquanto o amor não vem, de Iyanla Vanzant

Faça o que tem de ser feito, de Bob Nelson

Fora de série – Outliers, de Malcolm Gladwell

Jesus, o maior psicólogo que já existiu, de Mark W. Baker

Mantenha o seu cérebro vivo, de Laurence Katz e Manning Rubin

Informações sobre os
Próximos Lançamentos

Para receber informações sobre os lançamentos da
Editora Sextante, basta cadastrar-se diretamente no site
www.sextante.com.br

Para saber mais sobre nossos títulos e autores, e enviar
seus comentários sobre este livro, visite o site
www.sextante.com.br ou mande um e-mail para
atendimento@esextante.com.br

Editora Sextante
Rua Voluntários da Pátria, 45 / 1.404 – Botafogo
22270-000 – Rio de Janeiro – RJ
Telefone (21) 2538-4100 – Fax (21) 2286-9244
E-mail: atendimento@esextante.com.br